W0374119

Doppelt leben

Michael Kapellen

Doppelt leben

Bernward Vesper und Gudrun Ensslin.
Die Tübinger Jahre

Klöpfer & Meyer

Autor und Verlag bedanken sich beim Universitätsbund Tübingen
für die großzügige Förderung dieses Buches.

Autor und Verlag danken Felix Ensslin, dem Sohn Bernward Vespers, und
Jörg Schröder, dem Herausgeber der nachgelassenen Schriften von Bernward Vesper,
für die freundliche Erlaubnis zum Abdruck bisher unveröffentlichter Texte
von Bernward Vesper.
Dem März Verlag von Barbara Kalender danken wir für die Erlaubnis zum
Abdruck von Passagen aus Bernward Vesper, „Die Reise. Romanessay.
Nach dem unvollendeten Manuskript herausgegeben von Jörg Schröder".

© 2005 Klöpfer und Meyer, Tübingen.
Alle Rechte vorbehalten.

ISBN 3-937667-65-2

Lektorat: Petra Wägenbaur, Tübingen.
Umschlaggestaltung: Christiane Hemmerich, Konzeption und
Gestaltung, Tübingen.
Herstellung, Gestaltung und Satz: niemeyers satz, Tübingen.
Druck und Einband: Pustet, Regensburg.

Mehr über das Verlagsprogramm von Klöpfer & Meyer
finden Sie unter: www.kloepfer-meyer.de

Inhalt

III. Abschied von Tübingen

Anhang

Anfang der 90er-Jahre, noch zu Beginn meines Studiums in Tübingen muss es gewesen sein, als mir im Foyer der Mensa Wilhelmstraße an einem der Verkaufsstände mit antiquarischen Büchern ein gelber Band des März Verlags mit dem Titel *Die Reise* ins Auge sprang. Da ich mit anderen dieser signalgelben Bände, etwa mit Christian Schultz-Gersteins *Der Doppelkopf* über Jean Améry oder mit der von Rolf Dieter Brinkmann und Ralf-Rainer Rygulla herausgegebenen *Acid*-Anthologie bereits spannende Lesestunden verbracht hatte, kaufte ich den voluminösen „Romanessay" des mir bis dahin unbekannten Autors Bernward Vesper. Selbst wenn der assoziative und sprunghafte Stil der *Reise* die Lektüre nicht unbedingt erleichterte, faszinierte mich das Buch von der ersten Seite an. Und das umso mehr, als mir klar wurde, dass derjenige, der hier nicht nur über, sondern ganz offensichtlich auch um sein Leben schrieb, der Sohn des Nazi-Dichters Will Vesper war, mit dem ich zu jener Zeit sozusagen intimeren Umgang hatte.

Ich arbeitete damals als wissenschaftliche Hilfskraft für den Tübinger Linguisten Gerd Simon, dessen Forschungen sich vor allem mit der Germanistik, insbesondere der Sprachwissenschaft, im Dritten Reich beschäftigten. Aus diesem Anlass waren wir bereits in mehreren Archiven im Bundesgebiet unterwegs gewesen. Besonders in Erinnerung geblieben ist mir – neben dem unsere Archivbesuche stets begleitenden und notwendigen Galgenhumor angesichts der professionell-professoralen Scheinheiligkeit und charakterlosen Verschlagenheit vieler der damaligen Wissenschaftsgranden – ein Nachmittag im Mannheimer Institut für deutsche Sprache, an dem ich Gesprächsprotokolle von Unterdruckkammerversuchen in der Berliner Charité las, die in den meisten Fällen mit dem Tod der aus verschiedenen Konzentrationslagern in die Hauptstadt verschleppten Versuchspersonen abbrachen. Dies waren die konkreten Auswirkungen des so genannten „Kriegseinsatzes der Wissenschaft“. Die beflissenen Forscher wollten herausfinden, wie sich das menschliche Sprachverhalten bei abfallenden Druckverhältnissen veränderte, und ob man nicht einen Decoder für die unter diesen lebensfeindlichen Umständen nur noch verstümmelt artikulierten Wörter und Sätze konstruieren könnte, der die Sprachruinen in verständliche Mitteilungen rückverwandeln würde, denn solcherlei Bewusstseins- und Sprachtrübungen brachten beim Einsatz von Bomberpiloten in großen Flughöhen (also bei Unterdruckverhältnissen) ‚Effizienzprobleme‘ mit sich, die, so der wahnsinnige Wunschtraum der Wissenschaftler, mit einem solchen Decoder ausgeschaltet werden sollten.

Mit diesem kurzen Ausflug ins Horrorkabinett der NS-Wissenschaft wollte ich andeuten, vor welchem durchaus emotional besetzten Hintergrund ich eine weitere Aufgabe meiner damaligen wissenschaftlichen Hilfstätigkeit übernahm, nämlich die Recherche in der von Will Vesper herausgegebenen Zeitschrift *Die Neue Literatur* bezüglich des ‚Buchkults‘ im Dritten Reich. Der „tödliche Bücherwahn“ hatte gerade in dieser Zeitschrift, einem der Hauptblätter der ‚Literaturvermittlung‘ in Nazi-Deutschland, deutliche Spuren hinterlassen. Beim Durchblättern von elf Jahrgängen der *Neuen Literatur* (von 1933 bis zum Ende ihres Erscheinens im Jahr 1943) stieß ich auch auf die

Rubrik „Unsere Meinung", wo der Herausgeber in schneidend zynischem Tonfall seinem geifernden Antisemitismus die Sporen gab. Will Vespers Hasstiraden standen denen der einschlägigen NS-Kampfblätter, wie etwa jenen des *Völkischen Beobachters* oder des *Stürmers*, in nichts nach, wenn er über „verlegerische Rassenschande", „jüdische Aasgeier-Verlage" oder ähnliche nationalsozialistische Hirngespinste schrieb. – Das heißt, Will Vesper war mir auf eine unschöne Art vertraut, als mir sein Name in Bernward Vespers *Reise* begegnete. Umso mehr Sympathien hatte ich für den Sohn, der sich Satz für Satz seines langen Romanessays vom übergroßen Einfluss des Vaters (der auf jeder Seite seines Buchs geisterhaft gegenwärtig ist) freizuschreiben versuchte.

Auch der Eingangsvermerk der *Reise* fand meinen Beifall: „Dieses Buch ist in einer den Vorschriften über die Anfertigung von Dissertationen entsprechenden Ausfertigung der Philosophischen Fakultät der Freien Universität zwecks Erlangung eines Doktorgrades vorgelegt worden." Die *Reise*, dieses wilde, Fragment gebliebene Konvolut von Erinnerungsfetzen, Rauschbeschreibungen, Zeitungsgedichten und (dann doch eher anstrengenden) politischen Traktaten also eigentlich eine Doktorarbeit – wenn ich an der mir seltsam fremd gebliebenen Universität überhaupt je zu promovieren versuchen würde, so dachte ich damals, dann am ehesten so provokant und aussichtslos wie Vesper.[1]

Nach dieser anfänglichen Vesper-Begeisterung trat *Die Reise* dann für Jahre in den Hintergrund. Im Winter 2001/2002 fragte mich Thomas Scheuffelen, der Herausgeber und Redakteur der Marbacher *Spuren*-Reihe, ob ich für ihn ein *Spuren*-Heft schreiben wolle.[2] Diese Reihe stellt Schriftsteller in Beziehung zu einem bestimmten Ort vor, der für sie bedeutend war. Neben anderen Autoren fiel mir sofort auch wieder Bernward Vesper ein, der, das war mir noch dunkel in Erinnerung geblieben, einige Zeit in Tübingen gelebt hatte. So verbrachte ich von Ende März bis Anfang April 2002 zwei Wochen im Handschriftenlesesaal des Deutschen Literaturarchivs in Marbach, wo der Nachlass Vespers eingesehen werden kann. Der März-Verleger Jörg Schröder, der gemeinsam mit Barbara Kalender den Triangeler Nachlass Bernward Vespers nach Marbach gebracht hatte, hatte mich in einem ersten Telefongespräch bereits auf die Janusköpfigkeit Bernward Vespers und Gudrun Ensslins während ihrer Tübinger Zeit hingewiesen, als beide einerseits einen kleinen progressiven Verlag, das studio neue literatur, gegründet hatten, andererseits zur gleichen Zeit aber auch die Werke Will Vespers herausgaben.[3] Natürlich hatte es in der *Reise* genügend Andeutungen Bernward Vespers über seine braune Kindheit und Jugend unter dem übermächtigen Einfluss des Vaters gegeben, so dass ich über einige seiner unverstellt reaktionären Aufsätze in verschiedenen nationalistischen Postillen, etwa in der *Nationalzeitung* oder in der *Soldatenzeitung*, die ich jetzt in Marbach las, zwar erschrocken, aber nicht wirklich überrascht war. Dass sich diese Aktivitäten am rechten Rand des Verlagsspektrums jedoch bis in die Tübinger Zeit hinein erstreckten und zum Teil sogar noch über sie hinausgingen, ließ mein Bild vom Nazisohn, der sich während des Studiums in Tübingen entschieden von seinem Vater lossagt, dann doch ins Wanken geraten. Auch, dass sich seine Freundin Gudrun Ensslin, die spätere RAF-Terroristin, an diesen Aktivitäten maßgeblich beteiligt hatte, war mir neu. Dabei hatte ja – wie ich im Zuge meiner Recherchen nachlas – Christian Schultz-Gerstein nach einer ersten Sichtung des Materials, das ihm Jörg Schröder zugänglich gemacht hatte, bereits 1979 in einem leidenschaftlichen *Spiegel*-Artikel mit großer Empörung auf diese Zusammenhänge hingewiesen.[4] Diese Empörung war nur zu verständlich, denn das

Buch Bernward Vespers, der im Dunstkreis des Jahres 1968 als einer der wichtigsten Köpfe der außerparlamentarischen Opposition gegolten hatte, war im Erscheinungsjahr 1977 von der Kritik in hymnischen Lobgesängen als „Nachlass einer ganzen Generation" (*Die Weltwoche*), als ein „einzigartiges literarisches Dokument" (*Süddeutsche Zeitung*) begrüßt worden, als die „wichtigste literarische Neuerscheinung des Jahres" (*Frankfurter Rundschau*) oder als ein „Buch von beängstigender Konsequenz [...], in jeder Zeile ein Meisterwerk" (wiederum *Die Weltwoche*). Der Schriftsteller Peter Weiss hat es sogar als den „intellektuellen Höhepunkt des Jahres 68" bezeichnet (*Notizbücher 1971–1980*, S. 672 f.). *Die Reise* war in der Folge zu einem auflagenstarken ‚Kultbuch der Linken' geworden, das fast allen der damals Zwanzig- bis Dreißigjährigen, auch wenn sie es vielleicht selbst nicht gelesen hatten, doch zumindest ein Begriff war.

Ebenfalls 1979 gab Jörg Schröder dann die „Ausgabe letzter Hand" heraus, in der erstmalig Materialien zur Fortsetzung der *Reise* aus dem Nachlass Vespers abgedruckt waren – Bernward Vesper hatte im Frühjahr 1971 Selbstmord begangen, deshalb war sein Romanessay Fragment geblieben. Diese Materialien deuteten darauf hin, dass Vesper zumindest einige der ihm von Schultz-Gerstein vorgeworfenen Lücken – so zum Beispiel die Herausgabe der Werke seines Vaters während der Tübinger Zeit – wohl noch geschlossen hätte, hätte er sein Buch zu Ende schreiben können. Zum Zeitpunkt von Vespers Tod, im Frühjahr 1971, war das *Reise*-Manuskript genau an dem Punkt angelangt, wo im „Einfachen Bericht", einem der drei Haupterzählstränge des Buchs, an die Tübinger Zeit anzuknüpfen gewesen wäre.

Zu Beginn meiner *Spuren*-Recherchen, nach dem ersten zweiwöchigen Besuch im Marbacher Archiv, hatte ich die Vermutung, dass Bernward Vespers Suizid nicht zuletzt mit dem selbstgesetzten Druck, an dieser prekären Stelle seines Romanessays weiterschreiben zu müssen, zusammenhing. Denn jetzt hätte er die Karten seines Tübinger Doppellebens auf den Tisch legen – und damit auch unangenehme Wahrheiten aus der Vergangenheit Gudrun Ensslins erzählen müssen, von der er inzwischen getrennt lebte und die zu dieser Zeit als RAF-Terroristin gerade in den Untergrund abgetaucht war. Zum einen hätte er damit möglicherweise eine der Galionsfiguren des ‚bewaffneten Kampfes' in Deutschland – für den er ja in Teilen durchaus Sympathien hatte – geschwächt oder gar demontiert, zum anderen hätte ihm die offene Beschreibung des Tübinger Doppellebens aber auch eine radikale Schonungslosigkeit gegenüber den eigenen Charakterschwächen und Falschheiten abverlangt.

Ich glaube jetzt zwar nicht mehr unbedingt, dass der enorme Druck im Zusammenhang mit dem Schreiben der *Reise* der *Haupt*auslöser für Vespers psychische Krise im Winter/Frühjahr 1971 und in der Folge auch für seinen Selbstmord war, aber *ein* wichtiger Faktor mag diese massive Konfrontation mit der offensichtlich unbewältigten Vergangenheit durchaus gewesen sein.

Gerd Koenens während meiner Arbeit am Marbacher *Spuren*-Heft erschienener Band *Vesper, Ensslin, Baader. Urszenen des deutschen Terrorismus*,[5] der in einigen Kapiteln ebenfalls die Tübinger Zeit Bernward Vespers und Gudrun Ensslins abhandelt, sei hier zur ergänzenden Lektüre, sowohl, was die Vorgeschichte Vespers und Ensslins angeht, als auch zu dem, was nach der Tübinger Zeit geschah, ausdrücklich empfohlen, denn auf den folgenden Seiten soll es ausschließlich um die Studienzeit Bernward Vespers und Gudrun Ensslins in Tübingen gehen, eine Lebensphase, „wo sich so vieles entschieden hatte“ (258).[6] Einen Überblick über die Biographien Ensslins und Vespers ermöglicht auch die Zeittafel am Ende dieses Bandes.

Noch ein paar Sätze zu meinem Selbstverständnis als Chronist dieser Tübinger Zeit: Es liegt stets eine große Gefahr darin, sich als Nachgeborener oder auch ganz allgemein als historisch Forschender seinem Untersuchungsgegenstand gegenüber überlegen zu fühlen. Will sagen: es ist natürlich leicht, sich ironisch über die zum Teil haarsträubenden Aktivitäten Vespers und Ensslins während ihrer Tübinger Studientage zu erheben. Und vielleicht ist das manchmal sogar legitim. Aber es sollte meiner Meinung nach nicht unbedingt die vorherrschende Haltung sein. *Mein* Hauptanliegen ist es, die Protagonisten dieser rekonstruierten Geschichte auch noch in ihren absurdesten und unsympathischsten Zügen zu *verstehen*, weshalb ich mich bemühe, vorschnelle Wertungen zu vermeiden; diese könnten, würden sie zur Routine, die hier beabsichtigte multiperspektivische Betrachtungsweise zur Scheuklappenperspektive verengen. So ist auch wenig damit gewonnen (um für einen kurzen Moment aus dem Zeitrahmen dieses Buchs herauszuspringen), wenn man, wie es zuweilen geschieht, in einem Akt des nachträglichen Exorzismus die RAF als eine kleine banale Räuberbande lächerlich zu machen versucht oder einige ihrer Mitglieder wegen schlechter Manieren aburteilt – und sich damit die Mühen eines weiteren Nachdenkens über diese Terroristengruppe und über das Phänomen des Radikalismus und Terrorismus insgesamt sparen zu können glaubt. Natürlich sind, wie man manchem der über die damalige Zeit schreibenden Autoren unschwer anmerkt, noch alte Rechnungen offen. Aber das Begleichen dieser alten Rechnungen hilft nicht wirklich weiter, wenn es darum geht, das Phänomen RAF und sein damaliges Umfeld von vielen Tausend Sympathisanten (darunter prominenteste Vertreter, die mittlerweile oftmals in Amt und Würden sind und heute natürlich nichts mehr davon wissen wollen) zu verstehen. Hier bräuchte es eine sachlichere, um ein tieferes Verständnis der Zusammenhänge bemühte Diskussion, die zudem nicht nur die Vorgeschichte der RAF-Prominenz, sondern auch die ihrer unbekannteren Mitglieder einbeziehen müsste.

Eine weitere Vorbemerkung scheint mir wichtig, um etwaigen Missverständnissen vorzubeugen: Es ist seit einigen Jahren zu beobachten, dass ehemals prominente Linke der 68er-Generation ins ultrarechte Lager abwandern und die Geschichte der 68er-Bewegung ihrer neuen Ideologie gemäß umzuschreiben versuchen. Als Beispiele seien nur die Namen Bernd Rabehl und Horst Mahler genannt. Nun besteht ja durchaus die Gefahr, wenn man die beileibe nicht nur, aber eben auch ‚nationalistische' Vergangenheit Gudrun Ensslins und Bernward Vespers aufzuarbeiten versucht, unfreiwillig ins Schlepptau dieser und ähnlicher Herren – es sind bezeichnenderweise meist Herren – genommen zu werden, indem man ihnen Zitatmaterial dafür liefert, wie stramm national Vesper und Ensslin ‚eigentlich' gewesen seien. Natürlich lässt sich solcherlei Missbrauch leider nicht verhindern, aber vor diesem Hintergrund weise ich ganz ausdrücklich darauf hin (so absurd und überflüssig das den meisten Lesern vielleicht auch erscheinen mag), dass es hier nicht darum geht, die Vergangenheit zweier wichtiger Personen der Zeitgeschichte in einem ‚nationalen' Sinn umzudeuten und sie damit für die einen (die Linken und Liberalen) verdammenswert und für die anderen (die Rechten) ehrenwert zu machen. Für einen solch eindimensionalen Blick ist die ganze Materie viel zu komplex. Ebendiese Komplexität und Widersprüchlichkeit zumindest in groben Zügen nachzuzeichnen hat sich dieser biographische Essay zum Ziel gesetzt. Dass es dabei, leider, in größerer Ausführlichkeit um Bernward Vesper als um Gudrun Ensslin gehen wird, entspricht nicht meiner persönlichen Vorliebe, sondern ist der unterschiedlichen Menge an Informationen, die mir zu Ensslin und Vesper zugänglich war, geschuldet. Leider standen mir auch die Materialien der Studienstiftung des Deutschen Volkes nicht zur Verfügung, die wahrscheinlich noch viele wichtige Informationen über Details zum Studium Vespers und Ensslins enthalten, die aber vermutlich schon allein von ihrem zu erwartenden Umfang her ohnehin eine eigenständige Publikation wert sein dürften.

I.

Bevor Bernward Vesper im Sommersemester 1961 sein Studium in Tübingen aufnahm, hatte er eine zweijährige Berufsausbildung als Verlagsbuchhändler beim Westermann Verlag in Braunschweig absolviert. Auf der Buchhändlerschule lernte er den Mitschüler und späteren Freund Henner Voss kennen, der sich sehr bald über Vespers verstaubte literarische Vorlieben wunderte. Während er und sein Freund Ulf Miehe Autoren wie Alfred Döblin, Robert Musil oder Hermann Broch lasen, scheinen Vespers damalige Lieblingsschriftsteller Ernst Wiechert, Hans Carossa, Georg Binding oder Agnes Miegel gewesen zu sein. Doch Vesper holte das bislang Verpasste offensichtlich schnell nach. Henner Voss berichtet, dass sich sein neuer Freund in einer unglaublichen tour de force binnen zweier Jahre durch die moderne Weltliteratur formlich hindurchfraß. Es hatte für Miehe und Voss zuweilen wohl durchaus den Anschein, als habe sich Vesper während dieser Zeit von seinen seltsamen alten Vorlieben, die ihm ein nationalkonservatives Elternhaus in langen Jahren der Indoktrination anerzogen hatte, endgültig verabschiedet.

Dass das im Frühjahr 1961, als Vesper seine Ausbildung gerade abgeschlossen hatte, noch immer nicht so war, zeigt vielleicht am deutlichsten sein Besuch bei Arno Breker. Breker hatte ihm am 24. April, nur wenige Tage vor Beginn des ersten Tübinger Semesters, geschrieben: „Selbstverständlich erwarte ich Sie gern in meinem Düsseldorfer Atelier".[7] Man darf also vermuten, dass Bernward Vesper auf dem Weg vom elterlichen norddeutschen Triangel ins süddeutsche Tübingen einen Zwischenstop in Düsseldorf einlegte, um den Paradebildhauer des Dritten Reichs und einen der Lieblingskünstler Adolf Hitlers zu besuchen.[8] Wahrscheinlich hatte der Vater Will Vesper seinem Sohn den Kontakt zum prominenten Bildhauer ermöglicht, denn beide waren gebürtige Wuppertaler, standen einander also nicht nur durch die gemeinsame politische Vergangenheit, sondern auch ‚landsmannschaftlich' nahe.

Auch bei anderen Korrespondenzen, die Bernward Vesper zu dieser Zeit mit bekannten Persönlichkeiten führte, darf man den Vater oder doch zumindest den Namen des Vaters als Wegbereiter vermuten. Wer von den ‚alten Kameraden' wollte dem Sohn des einst berühmten und ihrer Meinung nach in der Nachkriegszeit so sträflich vergessenen Will Vesper schon einen Wunsch abschlagen oder ihm Hilfe und Rat bei seinen brieflichen Anfragen verwehren? Vor diesem Hintergrund ist es wohl zu sehen, dass sich Bernward Vesper vom Braunschweiger Philosophieprofessor Hermann Glockner Ratschläge für sein Studium in Tübingen einholt. Glockner schreibt Anfang April 1961 an den jungen Vesper, er solle in Tübingen „Bollnow und Spranger grüßen, Th. Haering kennenlernen, sowie Max Wundt grüßen. [...] In Marbach grüßen Sie evtl. Direktor Zeller".[9] Dieser Brief Glockners ist sicher nett und hilfreich gemeint, aber ein wenig erschreckend und für den Adressaten vielleicht auch erdrückend ist diese Prominenten- und Empfehlungsliste schon, mit der da ein junger Nobody wie Bernward Vesper nach Tübingen geschickt wird. Andererseits hatte Vesper aber schon seit Mitte der 50er-Jahre weltweit Briefwechsel mit berühmten Personen geführt, was wohl auch als Mimikry der umfangreichen Korrespondenzen seines Vaters verstanden werden kann.

Ungetrübtes Elitebewusstsein spricht aus einem weiteren Brief Glockners an Vesper, der wohl als Reaktion auf einen ersten Lagebericht Vespers von der Tübinger ‚Massenuniversität' geschrieben wurde. Darin stöhnt der Philosoph auf: „Zehntausend Studenten ist eine furchtbare Zahl! Da muß ja das Niveau sinken."[10] Solcherart aufs Elitäre eingeschworen und wohl durchaus mit dem Bewusstsein, auch selbst etwas ‚Besseres' zu sein, begann Bernward Vesper sein Studium in Tübingen.

Die Studentenzahl an der Universität Tübingen hatte Anfang der 60er-Jahre erstmals die Zehntausend überschritten und die Universitätsleitung war mit dringend notwendigen Erweiterungsplänen beschäftigt. Die Universitätskliniken, die naturwissenschaftlichen Institute und später auch ein Studentendorf sollten aus der Enge der Altstadt und der Wilhelmsvorstadt auf den Schnarrenberg und die oberhalb der Stadt gelegenen Felder beim Weiler Waldhausen ausgelagert werden. Ein großzügiger Anbau sollte die zu klein gewordene Universitätsbibliothek entlasten; ein ambitionierter Mensaneubau war zusätzlich zur Errichtung weiterer Studentenwohnheime geplant und wurde bis Mitte des Jahrzehnts realisiert. Tübingen, das um 1960 aus allen Nähten zu platzen drohte, erlebte in den darauffolgenden Jahren eine Phase intensiver Bautätigkeit, die das Gesicht der äußeren Stadtteile wahrnehmbar prägte und veränderte.

So ist es nicht weiter verwunderlich, dass Erstsemester Vesper zunächst kein Zimmer in der Stadt findet, sondern Anfang Mai 1961 ein Kellerzimmer im wenige Kilometer vor Tübingen liegenden Hirschau bezieht. In Briefen, die er ungefähr wöchentlich an seine Eltern schreibt, berichtet er über die erste Tübinger Zeit. Am 2. Mai heißt es: „Ich wohne mit

Blick auf die Wurmlinger Kapelle. Die Vorlesungen beginnen am 9. Augenblicklich ist so viel Andrang, daß man sich nicht einschreiben kann."[11] Nach einer Ortsbesichtigung in Hirschau darf ich hierzu kritisch anmerken, dass man von Vespers Kellerfenster aus mitnichten einen Blick auf die von Ludwig Uhland und Nikolaus Lenau in Gedichten besungene Wurmlinger Kapelle hat, sondern einen eher etwas unterirdischen Blick auf einen unspektakulären Vorgarten genießt, der durch eine Häuserreihe auf der gegenüberliegenden Straßenseite seine abrupte Begrenzung findet. Dieses Detail könnte man getrost vernachlässigen, ließe sich an ihm nicht ein gewisser Hang Vespers zur Grandezza und Selbststilisierung ablesen, der uns noch öfter begegnen wird und der in solchen scheinbaren Nebensächlichkeiten oft besonders deutlich wird. In elitärem Glockner-Ton schreibt Vesper wenige Tage später an die Mutter: „Überhaupt ist erschütternd zu sehen, was so alles studiert [...] Aber das lichtet sich nach den Jahren. Man muß nur die Zeit haben das durchzuhalten; und das Geld; die Oberseminare sind sicher nicht so ein wahnsinniger Massenbetrieb."[12] Der hier so abfällig über seine Mitstudenten schreibt, lebt selbst in bescheidenen Verhältnissen. Immer wieder wird er von seinen Eltern mit Lebensmittellieferungen bedacht. Da er keine Kochmöglichkeit in seinem Zimmer hat, isst er warm ausschließlich außer Haus, zumeist in der Mensa. „Ich esse hier meist Haferflocken + Brot, Obst, Milch. Das Zimmer ist mit Couch-Bett, Tisch, Stuhl, Schrank, Bord und Ofen ausgerüstet, etwa 2,5 x 4 m groß. Mit den Wirten kann ich zufrieden sein, wenn der Winter nicht die Anfahrt (6 km bis zur Aula) schwierig machte, würde ich gern hier draußen bleiben."[13] Da der Sommer 1961 kalt und ungemütlich ist, sitzt er in Hirschau oft „den ganzen Tag bei geheiztem Raum, Ölofen auf kleinster Flamme."[14] In den „Notizen zur Fortsetzung des Einfachen Berichts", die Jörg

Schröder in die „Ausgabe letzter Hand" der *Reise* aufgenommen hatte, heißt es über die Hirschauer Zeit: „Ich mietete mich in einem Kellerzimmer ein, das, halb unter der Erde, auch im Sommer vom Ölofen gewärmt werden mußte; außer einer Schlafcouch, aus der ich abends das klamme Bettzeug hervorholte, gab es dort nur ein Regal, wo meine wenigen Bücher, ein Teller, Haferflocken und der tägliche Liter Milch und ein Tisch an dem ich meistens saß, über Sartre und Camus, Existentialismus und Sysiphos." (567)[15]

In seinem ersten Semester besuchte Vesper unter anderem eine Vorlesung bei Walter Schulz zur Philosophie des deutschen Idealismus, bei Richard Brinkmann eine zum Expressionismus sowie ein Proseminar zu Novalis.[16] Erwähnenswert ist vielleicht auch noch, dass Vesper in diesem ersten Semester zudem eine Vorlesung zur gegenständlichen und ungegenständlichen Malerei des 20. Jahrhunderts bei Wilhelm Boeck hörte, die sein großes Interesse für Kunst bezeugt, das sich auch in wiederholten Erwähnungen von Besuchen in Kunstausstellungen in einigen seiner Briefe und Notizbucheinträge niederschlägt. Wohl die erste Tübinger Dichterlesung, die er besuchte, war die Lesung Peter Huchels, der im Sommer 1961 von der Hölderlingesellschaft eingeladen worden war. Außerdem interessierte Vesper sich sehr für Musik und ging häufig in Konzerte.

Wohl durch den ‚guten Namen' seines Vaters war es möglich, dass Vesper bereits in den ersten Tagen persönlich Kontakt mit der Witwe des berühmten Tübinger Germanisten Paul Kluckhohn aufnahm. „Am Donnerstag habe ich Frau Kluckhohn besucht, mit der ich diesen Tag als jour fixe verabredet habe, d.h. ich werde dort immer zum Mittagessen sein. Sie hat mir auch Bücher für Novalis geliehen und ist bereit, es auch weiter zu tun, die Bibliothek von ihrem Mann ist aber verkauft."[17] Bernward Vesper hatte die Professorenwitwe bereits im März 1961 gefragt, ob sie ihn bei der Zimmersuche unterstützen könne.[18]

Vesper, der zu dieser Zeit doch zumindest in seinen Korrespondenzen bereits eine gewisse Vertrautheit mit Prominenten unterschiedlichster Couleur entwickelt hatte, beschreibt sich in den Fortsetzungsnotizen zur *Reise* als einen äußerst schüchternen Studienanfänger: „Es dauerte Wochen, bis ich wagte, einen Seminarraum zu betreten – und dann immer in höllischer Angst davor, aufgerufen zu werden und mich äußern zu müssen, obwohl ich doch gar nichts wußte; und noch nach einem Jahr kehrte ich vor der Hörsaaltür um, wenn sie bereits geschlossen, der Dozent bereits begonnen hatte. Ich zog allein durch die Stadt wie ein einsamer Wolf, zur Mensa, zum Clubhaus, nach und nach lernte ich einige Kommilitonen kennen, man blieb eine Weile stehen, zu sagen hatten wir uns nichts." (568 f.)

Dass Vesper als Einzelgänger durch die Stadt zog und mit seinen Kommilitonen wenig anzufangen wusste, ist glaubwürdig, dass er aber seinen Professoren gegenüber dermaßen schüchtern aufgetreten ist, wie es obiges Zitat nahe legt, ist eher fragwürdig. Denn bereits im ersten Semester kommt es zum Kontakt mit Walter Jens: „Der Star unter den Professoren dieser Zeit war zweifellos Walter Jens, ein junger Altphilologe, der eine Freitagabendshow [Vesper irrt sich hier; die Jensschen Kolloquien fanden donnerstags statt, M. K.] über neuere und neueste Literatur abhielt, ein Ereignis, an dem man teilnehmen *mußte*. Nach und nach traten dort alle jüngeren Schriftsteller der Gruppe 47 auf, die um diese Zeit das literarische Geschehen in Deutschland bestimmte, und der Jens selber als gefürchteter Kritiker angehörte. Eines Tages las ich in einem reaktionären Blatt einen sehr unsachlichen Angriff auf Jens, und ich schrieb eine Entgegnung und schickte sie an die rechtsliberale Wochenzeitung DIE ZEIT, die sich ein linksliberales Feuilleton leistete. Wenige Tage später lag auf meinem Kellerzimmertisch ein Brief von Jens, er lud mich ein, meinen Artikel mit ihm durchzugehen, er werde sich freuen, mich kennenzulernen etc. Ein Zufall wie andre auch. Für mich hatte dieser Kontakt aber zur Folge, daß ich als Stipendiat in die Studienstiftung aufgenommen wurde und für einige Jahre zumindest die dringendsten Geldsorgen loswurde." (569) „Ein Zufall wie andre auch." – diese Formel steht als kurzer Querschläger zwischen den langen Satzperioden und klingt wie eine eigentümliche Verteidigung ohne vorangegangenen Angriff. Dass Vesper Jens tatsächlich so ‚zufällig' kennengelernt hatte, darf bezweifelt werden. Es wird wohl eher so gewesen sein, dass er den Artikel über Jens durchaus mit der Absicht geschrieben hat, dessen Aufmerksamkeit zu erregen. Wahrscheinlich schrieb er ihn sogar erst, nachdem er Jens bereits persönlich kennengelernt hatte. Denn in einem Brief vom 27. Juni teilt er seinen Eltern mit, Walter Jens habe ihn zu einer Arbeit über eine „schludrig gemachte Literaturgeschichte" angeregt. Im gleichen Brief schreibt er auch von einem bevorstehenden Treffen bei Jens, bei dem auch Rudolf Walter Leonhardt, der Feuilletonchef der *ZEIT*, anwesend sein würde.[19] Diese Arbeit über die „schludrig gemachte Literaturgeschichte" dürfte Vespers *ZEIT*-Artikel über Walter Jens vom 14. Juli 1961 sein, denn in diesem Artikel stützt er auch die von Jens wiederholt vorgetragene Kritik an der offen reaktionären Literaturgeschichte *Wesen und Werden der deutschen Dichtung* von Georg Ried, die zu dieser Zeit in Bayern und anderen Bundesländern zur offiziellen Schullektüre gehörte und ungefähr auf demselben Stand der Literaturbetrachtung war, den auch Vesper seinem späteren Freund Henner Voss zu Beginn der gemeinsamen Buchhandelsschulzeit nur zwei Jahre zuvor noch so erschreckend demonstriert hatte. Namen wie Broch oder Benn, von jüngeren Autoren ganz zu schweigen, spielten im von Ried propagierten Kanon anerkannter Schriftsteller entweder überhaupt keine oder nur eine untergeordnete Rolle, andere, wie etwa Musil, wurden als „zersetzend und oft quälend" abgelehnt.[20] Das eigentlich Interessante an Vespers *ZEIT*-Artikel ist aber nicht dieses Scharmützel gegen eine zu Recht seit langem vergessene Literaturgeschichte, sondern seine Beschreibung der Donnerstagabendkolloquien von Walter Jens:

> „An jedem Donnerstag um 20.15 Uhr sieht man in Tübingen das gleiche Bild: Das Auditorium Maximum ist überfüllt; auf den Treppen, in den Fenstern sitzen Studenten und Gäste aus der Stadt, aus den Nachbarstädten; Gymnasiasten, Buchhändler, Verleger, Lehrer, Leser.
> An der Tür steht: ‚Übertragung in den Hörsaal X.' Auch der ist besetzt.
> Ein Mann erscheint unter der Tür, noch jung, hoch von Wuchs, schmal, sieht sich um, dankt für lauten Beifall. [...] Es wird still. Der Vortrag beginnt.
> Es ist ein Vortrag, keine ‚Vor-Lesung'. Formulierungen werden erst im Auf- und Abgehen gewonnen, mit den Händen gleichsam aus der Luft gepreßt.
> [...]
> Da gibt es gewiß Vorlieben, persönliche Akzente, gern befahrene Reflexionsgeleise, auch bestimmte Neuralgien, Animositäten. Aber wenn es zur Wertung kommt, tritt die Lebhaftigkeit, der *esprit flamboyant*, zurück – die Sachlichkeit hat das Wort.
> ‚Ich habe mich gefragt, warum ein Teil von Ihnen die Namen, die ich nannte, hier zum ersten Male hört; ich habe die Literaturgeschichten nachgeschlagen, die Sie mit staatlicher Lizenz auf den Schulen in die Hand bekamen; dort liegt die Ursache.'
> Er bringt Beispiele, nennt die Werke, den Verfasser, die Auflage,

Seite und Zeile: akkurat, peinlich fast. Dann blitzt es auf, ein wenig spöttisch: ‚Warum fehlen Musil, Broch, Jahnn, Heinrich Mann, Schickele – oder sind sie zur Unbedeutendheit herabgewürdigt? Ich frage das ausdrücklich, denn ich finde lange Passagen über Kaergel, Wiechert, Blunck, Kolbenheyer.'
Gelächter. Beifall wird laut.
Der Mann auf dem Podium zögert einen Augenblick, nimmt die Brille ab, wischt sich über die Augen, denkt nach. Sagt: ‚Ich möchte von Ihnen nicht mißverstanden werden. Ich bin durchaus dagegen, daß ein Mann wie Kolbenheyer, der mit der großen Prosaleistung des *Amor Dei* begonnen hat, wegen der späteren Bauhütten-Philosophie etwa nicht gewürdigt würde.'
Stille. Niemand scheint zu verstehen. So ist es immer: Glauben Hörer ein handfestes Urteil ergattert zu haben, das sich im Tagesstreit verwenden ließe, so kommt die Warnung, die Differenzierung, klar, gewissenhaft und ritterlich.
Der Mann, der nach dreiviertel Stunden das Auditorium verläßt, ist Walter Jens, Romancier, Kritiker, Essayist und Hochschullehrer. Seine Colloquien sind die Höhepunkte des literarischen Lebens an der Universität Tübingen; er hat mit Ihnen etwas Neues, Einzigartiges geschaffen: eine Orientierungsstätte, ein Forum, wo Bücher lebender Autoren philologisch exakt geprüft werden. Manchmal schüttelt man den Kopf über das, was er konstatiert; aber niemand kann an der Integrität seiner Absichten zweifeln. Die Hörer spüren das. Es gibt Studenten in Tübingen, die der Jensschen Colloquien wegen hierherkommen. Hier tritt das Literarische aus dem Papier, wird lebendiges Ereignis.
Wo fände man ähnliches? Findet sich an anderen Universitäten niemand, der es könnte? Niemand, der es wagte?
Die weit über tausend Hörer in Tübingen beweisen: Es gibt für so etwas ein Publikum, ein Interesse, das sich nicht zufrieden geben kann mit den Literaturgeschichten, von denen Jens gesprochen hat."[21]

Beachtlich an diesem Ausschnitt aus Vespers Jens-Artikel ist zunächst, dass sein Verfasser, der als begeisterter, vielleicht sogar devoter Jens-Schüler ja durchaus versucht gewesen sein könnte, eine unkritische Huldigung zu schreiben, auch kritische Töne anschlägt. Am interessantesten erscheint mir jedoch der Abschnitt über Kolbenheyer, wo nach einem rhetorisch brillant eingesetzten retardierenden Moment in der Zeile „Gelächter. Beifall wird laut." das scheinbar selbstverständliche Urteil über Kolbenheyer, nämlich, dass er als prominenter NS-Autor eine uneingeschränkte Verdammung verdiene, gleich wieder zurückgenommen wird. Es ist bemerkenswert, dass Jens mit der von Vesper zitierten Aussage: „Ich bin durchaus dagegen, daß ein Mann wie Kolbenheyer, der mit der großen Prosaleistung des *Amor Dei* begonnen hat, wegen der späteren Bauhütten-Philosophie etwa nicht gewürdigt würde" ein Argumentationsmuster bedient, mit dem Vesper auch das in der Nachkriegszeit mehr oder weniger verschollene Werk seines Vaters wieder salonfähig zu machen versuchte – mit dem bedeutenden Unterschied freilich, dass der durch und durch epigonale Autor Will Vesper, anders als der von Jens zitierte frühe Kolbenheyer, wirklich nichts literarisch Ernstzunehmendes zu bieten hat. Vesper verfolgt hier also eine raffinierte Doppelstrategie: Zum einen versucht er in Richtung seiner Eltern (denen er den Artikel sofort nach Erscheinen stolz zugesandt haben wird) zu signalisieren: Walter Jens ist gar nicht so schlimm, wie es Euch die rechte Presse immer vormacht; zum anderen hofft er wohl auch, mit dem Zitat der Jensschen Differenzierung in Sachen Kolbenheyer einer parallelen Differenzierung bezüglich der Werke seines Vaters (von dem seiner Meinung nach lediglich die zehn Jahre zwischen 1933 und 1943 ‚problematisch' waren) und damit einer gewissen Akzeptanz Will Vespers in der bürgerlichen Presse den Boden zu bereiten.

Die redigierte Urfassung seines Artikels zeigt, dass Vesper sich von den nationalistischen Tonlagen in seiner Sprache noch nicht restlos freigeschwommen hatte (er hatte ja seit Mitte der

50er-Jahre in verschiedenen rechten Zeitungen und Zeitschriften veröffentlicht). Teilweise gestrichen bzw. von der Redaktion stark abgeändert wurde beispielsweise folgende Passage: „Der Geist des Hasses und der Lüge ist nicht deutscher Geist; weder Ried noch E. K. verdienen Vertrauen. Eher kann die Jugend auf den großen, etwas hageren Mann bauen, der jeden Donnerstag um 20.15 in das überfüllte Auditorium tritt und mit Ironie, großer Geduld und unendlicher Gewissenhaftigkeit einen Weg sucht, der in die Zukunft führt."[22] Es ist schon sehr eigenartig, wie Vesper hier dem als mit Ironie ausgestattet beschriebenen Walter Jens ganz ironielos ‚deutschen Geist' attestiert und ihn so, wenn auch möglicherweise unbewusst, in nationalistische Zusammenhänge einzugemeinden versucht. Die Feuilletonredaktion der „rechtsliberale[n] Wochenzeitung DIE ZEIT, die sich ein linksliberales Feuilleton leistete" (569), wie Vesper später großspurig in einer Notiz zur Fortsetzung der *Reise* formulieren wird, war jedenfalls liberal genug, dem noch immer mit starker rechter Schlagseite schreibenden Jungautor eine Veröffentlichung in ihrer Zeitung nicht zu verwehren.

Walter Jens erinnert sich, dass Vesper auf ihn zugekommen sei, um von ihm eine Bewertung seines Vaters zu erfahren.[23] Er habe ihm gesagt, Will Vespers Art des Schreibens sei nicht mehr zeitgemäß. Bernward Vesper habe ihm gegenüber seinen Vater als jemanden geschildert, der ihm sehr viel geholfen habe; immer wieder habe er auch die liebenswürdigen Seiten des Vaters hervorgekehrt. Jens erinnert sich in diesem Zusammenhang an die Erwähnung Schickeles, den Bernward Vesper genannt habe, um auf eine positive Seite des Vaters hinzuweisen. Jens hatte das Gefühl, Vesper habe sich von ihm die ‚Ausstellung eines Qualitätsausweises' für seinen Vater erhofft. Vesper habe an den Vater geglaubt, er habe ihn ‚retten' wollen, und habe alles versucht, um den Bruch mit dem Vater nicht vollziehen zu müssen. Vesper, der nach Jens' Eindruck die literarische Bedeutung des Vaters schwer überschätzt habe, wollte von Walter Jens wissen, wie er sich dem Vater gegenüber verhalten solle, ob er ihn als Vater akzeptieren dürfe, obwohl er ein Nazi gewesen sei. Jens versuchte Vesper klarzumachen, dass er unterscheiden müsse zwischen der Rolle des Vaters Will Vesper, mit dem er auf einer menschlichen Ebene eine Verständigung suchen müsse, und der Rolle des Schriftstellers – in dieser Beziehung solle Vesper sich von ihm lösen und ihn nicht weiterhin als sein Vorbild ansehen. Vesper sei bei diesen Gesprächen ‚absolut liebenswert' gewesen, er habe aber auch nie widersprochen, sei gewissermaßen ein ‚Abnicker' gewesen.

In diesen Erinnerungen von Walter Jens tritt uns ein unsicherer, suchender, durchaus sympathischer Vesper entgegen, der in einem wichtigen neuen Lebensabschnitt neue Leitbilder und Orientierungspunkte sucht. Dass die Ablösung von den ‚alten Werten' aber nicht so schnell ging, wie Vesper im Nachhinein manche seiner Freunde glauben machen wollte, dürfte sich bereits in der kurzen Analyse des *ZEIT*-Artikels angedeutet haben und wird im Folgenden anhand weiterer Beispiele noch klarer werden.

Um von der literarischen Diskussion wieder auf die Alltagsebene zurückzukehren, die es ja auch in Vespers Leben gab, erinnern wir uns an den „einsamen Wolf", als den Vesper sich in seinen *Reise*-Notizen beschrieben hatte. Ich habe aus dem ersten Semester keinerlei Freunde Vespers ausfindig machen können, was immerhin ein Indiz dafür ist, dass er den engeren Kontakt zu seinen Mitstudenten eher mied; er scheint zunächst wirklich weitestgehend ein Einzelgänger gewesen zu sein, der dann aber

Das Roigelhaus in der Tübinger Burgsteige, ca. 1960

recht bald im Kreis der Verbindungsleute des Roigel Anschluss suchte.

Die Tübinger ‚Königsgesellschaft' Roigel war eine nichtschlagende Verbindung, die auf eine lange Traditionslinie dichtender Mitglieder[24] zurückblicken konnte. Aber auch viele Anhänger der Bekennenden Kirche waren ehemalige Roigeler. Eines der prominentesten Beispiele ist Eduard Mörike (der der Verbindung allerdings nie als Bundesbruder angehört hatte), der einige Zeit im Gartenhaus über der Kegelbahn lebte und dort an seinem *Maler Nolten* schrieb. Eine bleiverglaste Fensterfront mit dem Konterfei Mörikes im Treppenhaus des Roigel erinnert noch heute an diesen Aufenthalt.

Vesper hatte schon vor Beginn seines ersten Semesters auf Empfehlung eines ‚alten Herrn' des Roigel, den sein Vater wohl gekannt hatte (also auch hier ebnete der Vater die Wege), Kontakt mit einem Bundesbruder aufgenommen, der ihm bereits im April angeboten hatte, er könne die ersten Nächte im Roigel-Haus verbringen, sollte er bis dahin kein Zimmer in Tübingen haben.[25] Nachdem sich Vesper in den ersten Wochen seines Studiums nicht wieder beim Roigel gemeldet hatte, wurden die Bundesbrüder selbst aktiv: Ende Mai luden sie ihn für die Pfingstferien zum Mittagessen auf dem Verbindungshaus ein.[26] Anfang Juni heißt es dann in einem Brief Vespers an die Eltern: „Die Roigel habe ich auch zu meiner Information besucht [...]. Es sind nette Leute, aber das ganze etwas komisch, wenn man die Musik nach neuesten Schlagern vom Tonband abgespielt sich als Begleitung zum Mittagessen vorstellt, das vor Glasfenstern scheußlichster wilhelminischer Manier mit Herrn Rodensteins: Rausda, rausda aus dem Hausda ... eingenommen wird. Die Bewegung geht zum Klub hin, aber man will noch nicht so recht erfassen, daß man in der zweiten Jahrhunderthälfte anders denkt und empfindet als anno Tobak."[27] Vesper ist also alles andere als restlos begeistert von seinen ersten Eindrücken im Verbindungshaus; das Ganze scheint ihm etwas ‚under the table' zu sein.[28] Trotzdem ließ er sich durch diesen ersten Eindruck nicht von weiteren Kontakten abschrecken. Den Eltern berichtet er Ende Juni von einem Ausflug, den er mit den Roigel unternommen hat: „Vorgestern waren wir in Hohenentringen, einem alten Sitz im Westen von Tübingen, der für seinen Moscht berühmt ist, es ist dort ganz bäuerlich, mit einem wunderbaren Blick über die Berge beim Untergang der Sonne, riesigen Fässern in den Gewölben – alles noch wie vor hunderten von Jahren. Der Bauer war auch ganz mißtrauisch, als er hörte, daß ein Norddeutscher unter den Gästen war: Das ischt an andre Rasse, sagte er und war gar nicht begeistert."[29] Hier begegnet uns eine seltsame Mischung von Motiven und Wertungen, die aber einen Einblick in die damalige Verfasstheit Vespers gibt. Zum einen ist von dem „alten Sitz" des beliebten Ausflugsziels Hohenentringen und seinem „bäuerlichen" Erscheinungsbild die Rede – „alles noch wie vor hundert Jahren". Nur diesmal schreibt Vesper nicht wie im vorigen Brief abwertend (siehe z.B. das dortige „anno Tobak") über die ‚Altehrwürdigkeit' des Orts; er nimmt vielmehr fast schon den Blut-und-Boden-Stil der Bücher seines Vaters auf, um den Eltern die Umgebung Tübingens zu schildern. Dies ‚Schollenhafte' versucht er noch zu unterstreichen durch Dialekteinsprengsel, die etwas ungelenk daherkommen und Vespers mangelnde Vertrautheit mit dem Schwäbischen belegen. Das schwäbische Misstrauen gegenüber dem norddeutschen Fremden scheint Vesper beschäftigt zu haben und dürfte neben seinem bereits vorhandenen ausgeprägten Einzelgängertum dazu geführt haben, dass er über weite Strecken seiner Tübinger Zeit recht isoliert blieb.

Vesper scheint aber zumindest bei den Roigel einen gewissen Anschluss gefunden zu haben, denn inzwischen stören ihn offensichtlich auch die Sitten von „anno Tobak" nicht mehr. Vielmehr weiß er jetzt auch die Vorteile, die seine Roigel-Kontakte mit sich bringen, zu benennen: „Mittags esse ich jetzt häufig auf dem Haus der Roigel, dort ist es zwar etwas teurer als auf der Mensa (20 %) aber man braucht nicht stundenlang in dem stickigen Raum anzustehn und hat einen Sitzplatz, und kann essen, as long as one wants."[30]

So ist es auch nicht weiter überraschend, dass in einem Roigel-Konvent von Ende Juni 1961 über Vespers Antrag zur Aufnahme in den Roigel beraten wird. Die Meinungen hierzu waren in der Verbindung allerdings keineswegs ungeteilt. Zum einen heißt es, „Vesper hat guten Kontakt“ und ein anderer Roigel berichtet, „daß Vesper überall dabei sei“; es gibt aber auch Gegenstimmen, die zu bedenken geben, „Vesper würde schlecht hineinpassen und sich schlecht einordnen“, wobei der gleiche Roigel andererseits hinzusetzt, „daß es Herrn Vesper auch ganz gut täte, wenn er bei uns wäre“. Das Konventsprotokoll endet jedenfalls mit dem lapidaren Eintrag: „Damit ist Herr Vesper Bundesbruder.“[31]

Vor dem Hintergrund, dass Vesper selbst Burschenschaftler war, bekommen seine mokanten Äußerungen über Tübinger Verbindungshäuser in den Notizen zur Fortsetzung der *Reise* einen unguten Beigeschmack. Dort heißt es: „Tübingen war damals eine Universität, an der 50 % und mehr der Studenten in Verbindungen organisiert waren, deren Gegröl man jede Nacht von den auf den Hügeln der Stadt gelegenen Verbindungshäusern durch die Straßen hallen hörte.“ (568) Auch hier könnte man wieder eine, vielleicht unbewusste, Doppelstrategie Vespers ablesen: zum einen findet eine Distanzierung von den grölenden Burschenschaftlern statt, zum anderen ist die Zahl der in Verbindungen organisierten Studenten viel zu hoch angesetzt[32] – was sich fast schon wie eine präventive Entschuldigung für den Fall liest, dass Vespers Burschenschaftszeit eines Tages bekannt würde, denn diese hohe Zahl suggeriert, es sei zu jener Zeit eher der Normalfall gewesen, dass man Verbindungsstudent war.

Hier sei noch eine kleine literarische Fußnote erlaubt: Draginja Dorpats in den 60er- und 70er-Jahren vielgelesener erotischer Tübingen-Roman *Ellenbogenspiele* macht sich an mehreren Stellen über das wunderliche Burschenschaftstreiben im Neckarstädtchen lustig. An einer Stelle heißt es: „Sie erreichten das gemauerte Tor unterhalb der Festung. Aus den offenen Fenstern eines Verbindungshauses drangen Lieder,

Sauflärm. Am hellen Nachmittag Sauflärm."[33] Dies ist eine zumindest topographisch recht eindeutige Beschreibung des Roigel-Hauses.

Abgesehen von den gelegentlichen Treffen mit den Roigel muss Vesper einen großen Teil seiner freien Zeit am Schreibtisch im Hirschauer Kellerzimmer verbracht haben. In Walter Jens' Erinnerungen klang an, dass Vesper seinen Vater auch während der Tübinger Zeit noch als Vorbild gesehen hatte. Nimmt man diese Aussage ernst, dann ist es durchaus nicht abwegig, sich vorzustellen, wie der beinah 23-Jährige sich gelegentlich vorrechnete, was sein Vater in diesem Alter bereits alles veröffentlicht oder doch zumindest auf den Weg der Veröffentlichung gebracht hatte. Bernward Vesper konnte zwar auch schon eine für sein Alter beachtliche Liste an Zeitungs- und Zeitschriftenveröffentlichungen vorweisen, was aber bislang fehlte, war ein eigenes Buch. Er korrespondierte bereits vor der Tübinger Zeit mit mehreren Verlagen und bot ihnen verschiedene Manuskripte an, aber jetzt intensivierte sich dieses Bemühen sichtlich.

Im Folgenden möchte ich exemplarisch aus einem Brief an den Verleger des Silberburg Verlags zitieren, weil er eindrücklich und auch etwas erschreckend illustriert, unter was für einen fast schon manisch zu nennenden Publikationsdruck sich Vesper ganz offensichtlich selbst gesetzt hatte. Ich habe die zum Teil rudimentäre Zeichensetzung nicht vervollständigt bzw. ‚korrigiert', weil sie die Gehetztheit des Briefschreibers, dessen Sprache im Wortsinn ohne Punkt und Komma unterwegs ist, unterstreicht. Der Brief trägt kein Datum, lässt sich aber dank der Hirschauer Adresse im Briefkopf auf den Sommer 1961 datieren:

„Sehr geehrter Herr Jäckh,

ich möchte Sie fragen, ob Sie Interesse daran haben, einen kleinen Band von mir zu bringen, der unter dem Titel

Frühe Spuren
Kurzprosa und Lyrik

zehn Kurzgeschichten und ca. 20 Gedichte enthalten soll. Ich habe den Plan, die Sachen zu veröffentlichen, erst vor kurzem gefaßt, und würde es auch nur machen, wenn Sie tatsächlich Interesse hätten. Die Sache ist in sofern kompliziert als ein Teil der Kurzgeschichten in Triangel liegt. Es handelt sich um Arbeiten aus den letzten drei Jahren, die Geschichten sind z.T. bereits gedruckt erschienen, auch ein Teil der Gedichte, verstreut, in Zeitschriften und Zeitungen. Die Gedichte sind selten länger als eine Seite, würden also ca. 24 Seiten ausmachen, es handelt sich um eine Auswahl aus mehreren hundert, sie fügen sich thematisch als Natur- und Liebeslyrik zusammen; es sind nicht die allermodernsten Töne,- ich habe da ein Buch: widersprüchliche aussagen, 29 werkstücke lyrisch, das von Krolow und Enzensberger protegiert erscheinen sollte, jetzt ist das MS [= Manuskript, M.K.] verloren!! Die Kurzgeschichten zeigen Wendepunkte einzelne Schicksale auf dem Hintergrund der Zeit, eigentlich alle um das Problem des Menschen in seiner Erschütterung kreisend, alle ernst, bis auf eine [...]
Naja, sie müssen das alles erst lesen.
Mir wäre es lieb, wenn Sie die Sache noch in diesem Jahr bringen könnten. Ich will Ihnen gerne helfen, was die Verbreitung betrifft, ich könnte Ihnen etwa 6–700 Anschriften von Freunden geben. Können Sie drucken, wenn Sie dann 500 Bestellungen haben? Ich schätze, die Erzählungen werden 40–50 Seiten Oktav umfassen, macht mit den Gedichten 5 Bogen, 80 S. Was darf das kosten – Sie wissen ja, ich stehe auf dem Standpunkt: nicht zu billig, auf 5–6 Mark können Sie gehen. Ich würde höchstens 2000 Stück drucken – oder haben Sie größere Ambitionen? Wenn das etwas wird, kann ich Ihnen im Herbst [‚Sommer' stand zunächst da und wurde durchgestrichen, M.K.] einen kleinen Roman ‚Der große Herbst' liefern, der eigentlich schon längst fertig war (1956!) aber jetzt noch Vertiefung und Verlängerung erfuhr, wenn ich Ansporn

habe, mache ich ihn schnell fertig, er spielt aber, dies zur Warnung, in Norddeutschland, ist einer jener eigenartigen Landstreicher-Geschichten unserer nordisch-norddeutschen Heimat, die alle Hamsun verpflichtet sind, so auch ich, damals als 18-jähriger. Es ist viel lyrisch-poetische Feinheit darin, die Welt nur geahnt hinter den Erinnerungen und einzelnen, wie Schatten auftauchenden Gestalten bis zum Tode. Oder wollen Sie das nicht? [...] Hausmann [gemeint ist der Schriftsteller Manfred H., M.K.], als er das las, ohne zu wissen, von wem, sagte (zu der ersten Fassung) Wenn ich ein Verleger wäre, würde ich meine beiden Hände nach Ihnen ausstrecken. Das war bislang nicht möglich, weil ich nichts weggab, aber jetzt – kurzum, brauche ich Geld, und wenn die Bücher verkauft werden kanns vielleicht etwas geben – ich nehme keinen Vorschuß, brauche ihn nicht, aber nach dem verkauften Ex. Vielleicht können wir einmal darüber verhandeln? Ich würde gern zu Ihnen gehen, weil ich weiß, daß Sie etwas für die Autoren tun, – aber ich habe etwas Furcht, politisch zu sehr in ein Fahrwasser gedrückt zu werden, was mir nicht liegt. Sie können mich vielleicht darüber beruhigen? Ich bin in erster Linie doch – in dieser Beziehung – Schriftsteller, dann erst politisch denkender Mensch.
Was meinen Sie, wann der Roman erscheinen kann, soll, muß? Ich würde ihn bald fertig machen, spätestens im Herbst, für dieses Jahr ist's zu spät, aber zum Frühjahr?
Ich bin im Grunde schon weiter, als die MS zeigen, aber es ist vielleicht richtig, das Publikum erst langsam vorzuwärmen, mit kleineren Arbeiten.
So, jetzt ists bald Mitternacht, ich habe die letzten Nächte fast kein Auge zugemacht – ich muß schlafen. [...]

Ihr Bernward Vesper“[34]

Selbst einem in Verlagsdingen unerfahrenen Leser wird schnell klar, dass das nicht unbedingt ein Brief ist, mit dem man als Autor einen Verleger auf sich und seine Texte neugierig macht. Wenig überraschend ist daher auch Vespers handschriftlicher Vermerk, den er, wohl einige Monate später, am Kopf der ersten Briefseite notierte: „Verzögert und dann schlicht verworfen“ – was zwar heißen könnte, dass Vesper den Brief erst gar nicht losgeschickt hat, ich halte aber die Lesart, dass Jäckh seine Entscheidung hinausgezögert und schließlich abgelehnt hat, für wahrscheinlicher. So erging es ihm, wie gesagt, mit vielen weiteren, ähnlich ungeschickt vorgetragenen Manuskriptangeboten an andere Verlage (wie z. B. Hanser), in denen er, der ja eigentlich zunächst der zu begutachtende und dann eventuell zu verlegende Autor war, sich bereits wie der Auflagen und Seitenumfang kalkulierende Verleger geriert. Was *auch* eine déformation professionelle durch seine kurz zuvor beendete Verlagsbuchhändlerlehre sein mag – aber genau die dort gesammelten Erfahrungen sollten ihm eigentlich klargemacht haben, wie schnell ein solches Verhalten zur Absage bzw. gar nicht erst zur Aufnahme von Verhandlungen führen kann.

Man kann den ganzen Brief Vespers leicht als hyperventilierendes, spätpubertäres Verhalten eines Jungautoren abtun und schnell über ihn hinweggehen – dazu verleitet insbesondere der Hinweis auf durchwachte Nächte am Ende, der noch einmal das schon seit Generationen totgerittene Klischee des genialischen Nachtschreibers anzitiert. Und über weite Strecken mag dieser Vorwurf auch durchaus zutreffen. Das allein machte diesen Brief sicher noch nicht interessant. Er enthält aber darüber hinaus Informationen, die ihn zum Verständnis Vespers hilfreich erscheinen lassen. Zunächst ist da wieder eine seltsame Unentschiedenheit bzw. Widersprüchlichkeit. Nachdem er dem Silberburg-Verleger Werner Jäckh in den ersten Zeilen das Manuskript „Frühe Spuren, Kurzprosa und Lyrik“ angeboten und diese Sammlung mit der Aussage „es sind nicht die allermodernsten Töne“ eigentlich schon wieder demontiert hat, bietet er noch im gleichen Satz ein zweites Manuskript mit dem bezeichnenden und diesmal in modischer Kleinschreibung gehaltenen Titel „widersprüchliche aussagen, 29 werkstücke lyrisch“ an. Um gleich darauf auch diesen, zuvor noch durch die Namen der bekannten Lyriker Karl Krolow und Hans Magnus Enzensberger aufgewerteten Titel mit dem für Autor und Verleger wenig hilfreichen, dafür aber umso dramatischeren Ausruf „jetzt ist das MS verloren!!“ ebenfalls zu demontieren. Widersprüchlicher können Aussagen innerhalb eines Satzes in der Tat kaum sein.[35] Vielleicht meint sich Vesper hier interessant zu machen, indem er seinem erhofften künftigen Verleger die ganze Bandbreite seines Könnens andeutet, ohne dabei jedoch in Betracht zu ziehen, dass ihm das auch als Unentschiedenheit ausgelegt werden könnte. Und welche beiden weit voneinander entfernten Pole der Gegenwartsliteratur er da gleichzeitig zu besetzen vorgibt, ist schon beachtlich – als sei der Weg zum Erfolg, es allen recht machen zu wollen: Zum einen bietet er die sich vom Titel her aufdringlich avantgardistisch gebenden „werkstücke lyrisch“ an – als hätte sich hier jemand die Verrisse konservativer Kritiker, bei den Texten der damals den Markt beherrschenden Gruppe 47 handle es sich um ‚Asphaltliteratur‘ oder um Produkte einer ‚Literaturfabrik‘, auf eigentümlich raffinierte Art zunutze gemacht und diese polemischen Formulierungen in eigene Gedichte umgemünzt. Auf der anderen Seite steht die schon vom Titel her in eine ganz andere Richtung weisende Sammlung „Frühe Spuren“ (der Titel klingt zudem so, als würde ein gestandener Autor retrospektiv seine frühesten Versuche einer interessierten Öffentlichkeit zugänglich machen), die dann konsequenterweise als Kronzeugen auch den, ebenfalls nicht in „allermodernsten Tönen“ schreibenden Lyriker und Erzähler Manfred Hausmann aufruft, der in weiten Kreisen der 60er-Jahre aber durchaus populär war. Und wo stand der Stimmenimitator Vesper selbst? Ich vermute, er wusste das zu diesem Zeitpunkt selbst nicht so genau. Dieser Brief illustriert auf eindrucksvolle Weise die ‚zwei Seelen‘ in seiner Brust. Genau mit dieser Frage beschäftigte er sich damals: Sollte er der Spur seines Vaters folgen und dessen Werk, gewissermaßen in direkter Triangeler Familientradition, fortsetzen, denn er hatte ja schließlich sogar dessen Namen sozusagen schon als Zukunftshypothek mit in die Wiege gelegt bekommen: er hieß mit vollem Namen Bernward Will Wigand Vesper[36] – oder sollte er sich nicht doch besser der von Walter Jens in Tübingen an jedem Donnerstagabend so eindrucksvoll präsentierten neuesten Literatur anschließen?

In der folgenden Briefpassage schlägt Vesper vor, Jäckh „6–700 Anschriften von Freunden" zu geben, die sein Buch möglicherweise kaufen würden. Dieser zunächst irritierende und vielleicht auch ein wenig nach Verlegererpressung klingende Vorschlag (denn welcher andere unbekannte Autor könnte seinem Verleger schon solch ein Angebot machen?) war unter neokonservativen Autoren in der noch jungen Bundesrepublik durchaus an der Tagesordnung. Auf vergleichbare Art und Weise, über weite Strecken faktisch am Buchhandel vorbei – der sich aber, von Ausnahmen abgesehen, ohnehin weigerte, die Werke dieser alten Herren zu vertreiben – wurden auch die Werke Will Vespers und anderer Autoren der vom *Volk ohne Raum*-Dichter Hans Grimm 1934 gegründeten, offen reaktionären Lippoldsberger Dichtertreffen, die auch nach dem Krieg weiterhin stattfanden, verkauft. Joachim Günther, der Herausgeber der *Neuen Deutschen Hefte*, bemerkt in seinem Aufsatz „Lippoldsberg 1961", „daß sich der Silberburg Verlag in Stuttgart dieser ‚Literatur' besonders herzlich annimmt"[37] – an dessen Chef Werner Jäckh Vespers Brief ja gerichtet ist. Das erklärt auch Vespers bange Nachfrage und distanzierende Klarstellung: „ich habe etwas Furcht, politisch zu sehr in ein Fahrwasser gedrückt zu werden, was mir nicht liegt. Sie können mich vielleicht darüber beruhigen? Ich bin in erster Linie doch

– in dieser Beziehung – Schriftsteller, dann erst politisch denkender Mensch.“ Warum er *diesem* Verlag allerdings die vom Verleger Jäckh aller Voraussicht nach nicht geschätzten, im Titel den ‚Literaturfabrikton‘ der Gruppe 47 anzitierenden „werkstücke lyrisch“ anbietet (und auch wieder nicht anbietet, da das Manuskript „verloren“ sei), bleibt doch ein Rätsel und zeigt eine fast schon selbstzerstörerische Tendenz Vespers. Denn man darf annehmen, dass er Werner Jäckh bei den Lippoldsberger Dichtertagen, an denen er als der Sohn des bekannten Will Vesper bis 1960 mehrmals teilgenommen hatte, sicher persönlich kennen gelernt hatte und somit auch dessen literarischen Geschmack einschätzen konnte.

Neben dem Versand seiner Manuskripte an verschiedene Verlage beschäftigte Vesper in seinem ersten Tübinger Semester eine wiederum sehr widersprüchliche Hilfsaktion für den in München lebenden Schriftsteller Hans Brandenburg. Vesper wollte Brandenburg, der offensichtlich in einer materiellen Notlage war, für den von der Stadt Wuppertal gestifteten Eduard-von-der-Heydt-Preis vorschlagen. Hierzu fragte er bei prominenten Vertretern des öffentlichen und kulturellen Lebens an, ob diese eine Empfehlung, Hans Brandenburg den Preis zuzusprechen, unterzeichnen würden. Die Unterzeichner der Empfehlung, die am 23. Juni 1961 in der Wochenzeitung *Christ und Welt* erschien (auch die *ZEIT* brachte eine kurze Notiz), waren Stefan Andres, Gerd Gaiser, Hermann Glockner, Rudolf Hagelstange, Hermann Hesse, Theodor Heuss, Golo Mann, Carl Orff, Ina Seidel, Rudolf Alexander Schröder, Otto Freiherr von Taube und Carl Zuckmayer – also ein komprimiertes „Who is Who“ der frühen 60er-Jahre, vom vormaligen Bundespräsidenten über den international renommierten

Komponisten bis hin zu damals (und zum Teil auch heute noch) bekannten Schriftstellern unterschiedlicher Qualität, wobei von den politischen Ausrichtungen her fast die ganze Bandbreite der damaligen gesellschaftlichen Möglichkeiten abgedeckt war. Sicher: Vesper wollte seiner Empfehlung mit dieser Prominentenreihe den nötigen Nachdruck verleihen. Aber es erscheint doch etwas ungewöhnlich, aus einer solchen Empfehlung, die vielleicht zunächst auf einer bescheideneren, gewissermaßen intimeren Ebene auszusprechen gewesen wäre, gleich eine Haupt- und Staatsaktion mit anwesendem Bundespräsidenten a. D. zu machen.

Wirklich problematisch beginnt die Sache zu werden, wenn man sich die Umstände der Veröffentlichung dieser Empfehlung und das daraus folgende Nachspiel ansieht. Vesper verfasst zu der knapp und sachlich gehaltenen Empfehlung einen von ihm unterzeichneten, etwa dreimal so langen, polemischen offenen Brief, in dem er die Stadt Wuppertal ob ihrer Provinzialität angreift und den Dichter Hans Brandenburg als international anerkannten, einzig vom ignoranten Wuppertal nicht wahrgenommenen „großen Alten der deutschen Literatur“ und „bedeutendsten lebenden Dichter eben dieser Stadt“ preist. Nicht nur mit dem sehr gewagten Vergleich, Wuppertal vernachlässige die Ehrung Brandenburgs in der gleichen Weise wie Augsburg diejenige Brechts, verrennt sich Vespers Polemik zunehmend in selbstverliebte Schleifen und man gewinnt den Eindruck, er möchte die ganze Angelegenheit doch etwas künstlich hochkochen, um Aufsehen zu erregen. Nur zu verständlich, dass die *Westdeutsche Rundschau* wenige Tage später unter der Überschrift „Will-Vesper-Sohn geht zu weit und besorgt öffentliche Schimpfierung Wuppertals“ zum Gegenschlag ausholt. Vesper reagiert in einem Brief auf diesen „anonymen, gegen mich gerichteten Angriff“ (in Wahrheit war der *Rundschau*-Artikel mit einem Redaktionskürzel gezeichnet) und verlangt den Abdruck einer Berichtigung, wobei er nicht vergisst, die Schriftgröße, in der diese gehalten sein soll, genau anzugeben. Die *Westdeutsche Rundschau* druckt Vespers Brief samt Berichtigung zusammen mit einer Dokumentation des Vorfalls auf einer Sonderseite ab[38] und der Chefredakteur der Zeitung antwortet den geharnischten Angriffen Vespers mit der gebotenen Ironie. Besonders geärgert haben dürfte Vesper, der sich über seine Titulierung als „Will-Vesper-Sohn" beschwert hatte, folgende Passage im ebenfalls auf dieser Sonderseite abgedruckten ‚öffentlichen' Antwortbrief der *Rundschau*: „Die Bezeichnung ‚Will-Vesper-Sohn' diffamierend? Das gehört in den Bereich der Satire. Daß Sie in diesem Zusammenhang von geistiger Sippenhaft reden, entspricht zwar dem aufgeregten Ton Ihrer ‚Richtigstellung', nicht aber den Tatsachen. Es ist nun einmal das Schicksal der Söhne berühmter Väter, mit dem Namen des Vaters in Verbindung gebracht zu werden. Ihr Hinweis auf die Nazizeit hat uns in diesem Zusammenhang besonders amüsiert." Der Brief schließt mit einer weiteren Breitseite gegen Vesper: „Wie sehr Sie alle Maßstäbe verloren zu haben scheinen, entnehme ich daraus, daß Sie kein Wort zu der respektvollen Würdigung Hans Brandenburgs in unserer Zeitung zu sagen wissen, sondern sich in Ihrem merkwürdigen Schriftstück fast ausschließlich um Ihre eigene Person drehen. Das riecht doch sehr danach, als wollten Sie aus den Angelegenheiten Hans Brandenburgs Beachtung für sich selbst herausschlagen. Ob Sie damit dem verehrten Dichter einen Dienst erweisen, ist zu bezweifeln."

Die Sache endete also mit einem Eigentor für Vesper – und Brandenburg, der den Preis nach dem kontraproduktiven Einsatz Vespers selbstredend wiederum nicht erhielt. Man könnte diese ganze von Vesper recht täppisch losgetretene Mini-

Feuilletondebatte um Hans Brandenburg getrost als Sturm im Schnapsglas belächeln, der zu Recht längst vergessen ist. Um Vesper aber auch hier besser zu verstehen, sollte zunächst einmal gefragt werden, wer Hans Brandenburg denn eigentlich war und was tatsächlich hinter Vespers Eintreten für ausgerechnet diesen Schriftsteller gestanden haben könnte.

Hans Brandenburg, 1885, drei Jahre nach Will Vesper und wie dieser in Barmen (mittlerweile ein Stadtteil Wuppertals) geboren, dürfte Will Vesper bereits aus Schultagen gekannt haben. Wie Will Vesper ging er zu Beginn des neuen Jahrhunderts nach München und blieb auch dort in Kontakt mit ihm. Die Freundschaft der beiden führte unter anderem dazu, dass Hans Brandenburg zu einem der Hauptmitarbeiter der von Will Vesper herausgegebenen Zeitschrift *Die Neue Literatur* wurde. Es verwundert deshalb nicht, dass es Bernward Vesper bei seinem Eintreten für Hans Brandenburg sehr unrecht war, in der Auseinandersetzung mit der *Westdeutschen Rundschau* den Namen seines Vaters auftauchen zu sehen. Für Kenner der Materie musste das Ganze doch sehr nach dem Auftritt alter Seilschaften aussehen, die auch kein gutes Licht auf Brandenburg warfen, wobei der Vater Will Vesper den unverdächtigeren Sohn Bernward auch noch vorgeschickt hätte. Vor diesem Hintergrund ist wohl Bernward Vespers sich etwas hilflos internationalistisch mit Bedeutung aufladende Widerrede in seiner an die *Westdeutsche Rundschau* gesandten Berichtigung zu sehen: „Der Anschein, der erweckt wird, als bestehe zwischen dem Offenen Brief und dem Dichter Will Vesper ein Zusammenhang, widerspricht den Tatsachen. Es entspricht vielmehr der Wahrheit, daß der Plan zu diesem Schritt in Paris gefaßt wurde." Man hätte Brandenburg im Übrigen tatsächlich Unrecht getan, hätte man ihn dem strammen Nazi Will Vesper gleichgesetzt. Brandenburg war vielmehr ein während der

Zwischenkriegszeit recht erfolgreicher Idyllenschreiber,[39] der zwar als Mitläufer der Nationalsozialisten, bestimmt aber nicht als eine seiner prägenden Figuren bezeichnet werden kann. Er wurde allerdings „von den Nazis trotz seiner weitgehend unpolitischen Haltung als Wegbereiter der faschistischen ‚Thingspiele' vereinnahmt und als ‚literarischer Beirat der Hauptstadt der Bewegung' [NS-Bezeichnung für München, M.K.] eingesetzt."[40]

Bernward Vesper kannte Brandenburg wohl schon aus seiner Kindheit, Briefe wechselte er mit ihm seit den 50er-Jahren (die beiden duzten sich, was bei dem beträchtlichen Altersunterschied eine große Vertrautheit voraussetzt), und er besuchte ihn während der Tübinger Zeit immer wieder in München. Ganz abgesehen davon, dass es dem selbst gerade eine Position als Autor suchenden Bernward Vesper eine Aufwertung seines Selbstwertgefühls geben musste, mit einem einst so ‚berühmten' Schriftsteller wie Brandenburg freundschaftlich zu verkehren, und abgesehen davon, dass er ihn sicherlich und in der Tat als väterlichen Freund geschätzt haben wird, hatte Vesper noch ein weiteres Interesse daran, sich Hans Brandenburg gewogen zu halten und auch aus diesem Grund eine Aktion wie die seines Vorschlags zum Wuppertaler Literaturpreis zu starten. Denn Hans Brandenburg war ein wichtiger ‚Verbindungsmann' für Vesper zu den Werken und Briefen René Schickeles an seinen Vater, die er, vor allem zur Entlastung Will Vespers, vielleicht aber auch nur, weil sie überhaupt wieder einmal eine gewisse Aufmerksamkeit auf seinen Vater lenken mochten, gern veröffentlichen wollte.

Anhand der Briefe wollte Bernward Vesper zeigen, dass sein Vater durchaus zwei Seiten hatte, denn Schickele war einer der wenigen expressionistischen und späteren Exilautoren, die in den Buchkritiken der *Neuen Literatur* anerkennend erwähnt wurden, was vermutlich auch am Briefwechsel Will Vespers mit René Schickele ablesbar war. Hans Brandenburg war in dieser Hinsicht eine Schlüsselfigur, weil er zum einen ein alter, loyaler Freund Will Vespers, und zum anderen der Schwager des 1940 im südfranzösischen Exil gestorbenen Schickele war. Brandenburgs Schwester, Anna Schickele, war noch im Besitz des Nachlasses ihres verstorbenen Mannes; sie für sein Publikationsvorhaben zu gewinnen, war also in Bernward Vespers ‚Rettungsplan' für den Vater sehr wichtig. Vesper beabsichtigte aber auch, die Gedichte Schickeles neu herauszugeben – und hier mag neben dem Streben nach ‚Ruhm und Ehre' durchaus ein finanzielles Interesse hineingespielt haben. In einem undatierten Brief an Henner Voss vom Winter 1961/62 heißt es in genialisch-spontaner Manier: „Ich kam heute ins Zimmer mit dem Gedanken an René Schickele, dessen Schwager ich in München besuchte, und dessen Gedichte bedeutsam als Dokument des Expressionismus, von der Witwe publiziert werden sollen. Du kennst sicher die dreibändige Werkausgabe bei Kiepenheuer von Hermann Kesten eingeleitet (nicht sehr gut!) Sie enthält nur wenige und nicht die besten Gedichte. Ich dachte mir also im Hereingehen: schreib mal an Luchterhand, der sich zum Verleger des Expressionismus entwickelt (Goll, Schrei und Bekenntnis usw.), er ist sicher für eine Ausgabe zu gewinnen, sonst bei Limes. Die Sache ist die: ich möchte gern das Editorische machen, das wäre für mich von Bedeutung, ist sozusagen mein Interesse an der ganzen Sache. Ein Vorwort mit persönlichen Erinnerungen (oder Nachwort) kann der Schwager, der Schriftsteller Hans Brandenburg, schreiben (ohne den wird's wohl nicht gehn, und hat ja auch Bedeutung). Aber gute Auswahl – von *unserem* Standpunkt aus, möchte doch lieber ich machen, und ebenso bibliographische Angaben (vgl. Benn-Gedichte!). Kannst Du einmal hören [Henner Voss arbeitete damals bei Luchterhand, M.K.], unter der Hand, oder mir sonst sogleich schreiben, ob Du eine Chance siehst, Gesamtausgabe oder Auswahl? Ich würde dann offiziell anfragen, vermitteln und mir die Edition sichern."[41] Etwas kleinlauter heißt es in einem Brief an die Eltern vom 23. Februar 1962 lapidar: „Brandenburg will die Schickele-Gedichte zusammenstellen."[42] Aus der geplanten Ausgabe wurde, wie aus so vielen anderen Plänen Vespers, nichts.

Der Brief an Henner Voss nennt neben Gottfried Benn auch den Limes Verlag, in dem soeben eine vierbändige Werkausgabe Benns erschienen war. René Schickeles Werke also gemeinsam mit denen Gottfried Benns in einem Verlag? Vespers Editorenphantasie bringt hier zwei (zumindest im Politischen) sehr gegensätzliche Autoren zusammen: Benn, der zwischen 1932 und 1934 in verschiedenen Schriften seine Loyalität zum Nationalsozialismus bekundet hatte, und Schickele, der Zeit seines Lebens eine pazifistische, antinationalistische Weltanschauung vertreten hatte. Es ist vielleicht kein Zufall, dass diese beiden Namen im Brief an Voss zusammen erwähnt werden, denn wie Schickele zu einer Entlastung der Vergangenheit des Vaters herangezogen werden sollte, wollte Vesper auch mit der geplanten Publikation von Briefen Benns aus dessen ‚brauner Phase' der Öffentlichkeit demonstrieren: Seht her, wenn sogar ein Benn in jener Zeit *so* versagt hat und dennoch nach dem Krieg wieder Anerkennung fand (der 1956 gestorbene Benn hatte beispielsweise 1951 den Büchner-Preis bekommen), werdet Ihr es meinem Vater ja wohl auch nachsehen, dass er einige Jahre seines Lebens einen falschen Weg eingeschlagen hat. Auf diese Weise sollte der in der Nachkriegszeit als Nazi-Dichter geächtete Will Vesper wieder in den Rang eines ernstzunehmenden Autors gehoben werden. In Sachen Benn heißt es in einem Brief Vespers an seine Eltern (es ist im Übrigen derselbe Brief, in dem Vesper über ein bevorstehendes Treffen mit Walter Jens und dem *ZEIT*-Redakteur Rudolf Walter Leonhardt berichtet; daher wohl die selbstbewussten Pläne bezüglich der *ZEIT*), er habe sein Augenmerk auf die Benn-Briefe gerichtet, „die eine geheimnisvolle Lücke in der Zeit von 1933–36 und später aufweisen. Wenn Max Rychner nicht nachgeforscht hat, ist die Arbeit schludrig, wollte er aber nicht wissen, wie Benn damals schrieb, so ist es ein Skandal. Wenn ich genügend Briefe Benns aus dieser Epoche zusammenbekomme, werde ich für die ZEIT eine Reportage machen.“[43] Vesper kümmerte sich in jenen Monaten tatsächlich vermehrt darum, von verschiedener Seite unveröffentlichte Briefe Benns zu bekommen. Dabei fällt auf, dass die Anfragen zumeist an Personen gingen, die dem Nationalsozialismus nahe standen oder sogar hohe Funktionäre waren. Ende Juni 1961 schickte beispielsweise Wilhelm von Scholz einen Brief an Bernward Vesper, in dem er ihm über den Besitz eines Gedichts und mehrerer Briefe Benns an ihn Auskunft gibt.[44] Im Nachlass Vespers ist auch eine Antwort Werner von Beumelburgs zu einer Benn-Anfrage erhalten,[45] und aus einem Brief an seine Tante ‚Mia‘ Joachimi-Dege, mit der Vesper in der ersten Tübinger Zeit viel korrespondierte, geht hervor, dass er bereits um 1960 Benn-Briefe von ihr ausgeliehen hatte.[46] Ebenso gibt es eine Antwort von Sabine Fechter, der Tochter Paul Fechters, bezüglich einer Anfrage Vespers nach Benn-Briefen.[47]

Doch auch zur geplanten Benn-Dokumentation Vespers kam es nicht, und schon gar nicht in der *ZEIT*, denn Rudolf Walter Leonhardt schrieb einige Monate später mit deutlichen Worten an den manischen Artikelversender: „Wenn Sie uns mit Manuskripten bombardieren, dann müssen die leider das Schicksal all der allzuvielen ‚unverlangt eingesandten‘ Manuskripte teilen: sie kommen zurück.“[48]

Der Einsatz Vespers für den Vater, der hinter so vielen seiner Aktivitäten stand, hatte aber auch Grenzen. So schreibt er an die Eltern, er könne keine offene Reklame für die Bücher des Vaters machen, „weil es ‚still vertraulich' vor sich gehen soll."[49] Er wollte nicht unbedingt überall als der Sohn Will Vespers bekannt werden, was immerhin einer gewissen Leugnung des Vaters gleichkam. Andererseits ließ er dem Vater am 17. Juli 1961 die Honorareinkünfte der vorangegangenen Wochen (u.a. das *ZEIT*-Honorar für den Jens-Aufsatz) in Form eines Schecks über 500,- DM zukommen, damit dieser nach Hindelang zur Kur gehen konnte, was nicht nur eine rührende Geste, sondern sehr viel Geld war und ein echtes Opfer für den Sohn bedeutete. Um den Vater aufzumuntern, schickte er ihm immer wieder auch dezidiert an ihn gerichtete Briefe (die meisten Briefe jener Zeit waren allerdings mit „Liebe Eltern" überschrieben). Am 24. Juni 1961 richtet er aus Hirschau folgendes Schreiben an den Vater, aus dem hier als Vesper-Vesperschem Kabinettstück auf Tübinger Bühne ausführlicher zitiert sei:

> „Lieber Vater,
> ich muß Dir schnell eine Geschichte erzählen, die Dir vielleicht Freude machen wird.
> Heute nach dem Baden ging ich noch einmal in die Stadt und kam zum Antiquariat J. J. Heckenhauer an der Stiftskirche, wo ich mich eine zeitlang aufhielt [...].
> Endlich sah ich hinter ganzen Regalwänden eine Tür, die zum großen Lager führte, wo ganze Schichten von Büchern aller Alter und Qualität bis zur Decke gestapelt waren. Fast gleich auf den ersten Griff fand ich unter den ‚Romanen' eine Ausgabe von ‚Porzellan' [ein Erzählungsband Will Vespers, M.K.] in der zweiten Auflage von 1922. [...]
> Als ich nach vorn ging um zu bezahlen, sprach mich der Inhaber, ein etwa sechzigjähriger, sehr gepflegt aussehender Herr mit weißen, gescheitelten Haaren an:
> ‚Das freut mich aber, daß sie Will Vesper ausgesucht haben.'

‚Ja, ja', sagte ich.
‚Der lebt noch, in Triangel, bei Braunschweig ist das.'
‚So –'
‚Woher kennen Sie ihn denn, sind Sie Germanist?'
‚Ja'
‚Er freut sich immer, wenn Sie ihn mal besuchen wollen.'
‚So, das kann ich ja mal tun'
‚Ja, er freut sich bestimmt.'
– Pause –
‚In diesem Jahr liest er wieder bei Hans Grimm in Lippoldsberg.'
‚Grimm ist doch tot.'
‚Ja, aber die Tochter führt das weiter.'
Unterdessen hatte ich gezahlt und dabei aus Versehen meinen Führerschein mit allen Personalien auf dem Tisch offen liegen gelassen, – aber er hat es nicht gesehn.
‚Nein, ich wollte das nur sagen, wenn Sie über Vesper arbeiten, dann können Sie ihn ruhig einmal besuchen, Sie sind doch Norddeutscher, ich höre es.'
‚Ja, das werde ich mal tun, auf Wiedersehn.'
Ich habe eine königliche Freude an der Geschichte.
[...]
Mit herzlichen Grüßen

Bernward"[50]

Man fragt sich bei der Lektüre all dieser Korrespondenzen, von denen hier nur ein Bruchteil erwähnt oder zitiert werden kann, unweigerlich, wann Vesper zwischen den verschiedenen Publikationsprojekten und Unterstützungsaktionen für den Vater überhaupt noch zum Studieren kam. Eines seiner Hauptarbeitsgebiete im ersten Semester war Novalis, und mit diesem Autor hat er sich offensichtlich ausgiebig beschäftigt. Jedenfalls ist ein 32-seitiges, unvollständiges Typoskript seiner Seminararbeit zum Thema „Gibt es eine nihilistische Krise bei Novalis?"

erhalten, was für ein erstes Proseminar eine ausgesprochen lange schriftliche Arbeit ist.[51] Aber der Titel der ambitionierten Arbeit klingt nicht halb so bedeutungsvoll wie die darunter gesetzte maschinenschriftliche, also zum Titel gehörende und nicht etwa private, handschriftliche Widmung: „Für Baronin Monica von Miltitz, der [sic!] letzten Herrin von Schloß Siebeneichen, die die Erinnerung an Novalis hütete, bis der Entstehungsort der Lehrlinge zu Sais in eine kommunistische Schulungsburg verwandelt wurde und die Briefe und Sammlungen Hardenbergs [d.i. Novalis', M.K.] der Vernichtung anheimfielen."[52] Man kann sich nur schwer vorstellen, was sein Dozent dachte, als er diese Proseminararbeit mit antikommunistisch-adliger Widmung zur Bewertung vorgelegt bekam. Hier setzte jemand offensichtlich gleich in seinem ersten Semester die Erwartungen an sich selbst sehr hoch an bzw. hatte etwas den Blick für die Proportionen verloren. Natürlich sollte solch eine barocke Widmung den Leser nach dem Willen Vespers (wie manches andere, was er brieflich in die Welt entließ) beeindrucken, und eigentlich ist das die Wiederholung eines Musters, das wir bereits öfter gesehen haben. Vesper scheint auch nach wiederholten schlechten Erfahrungen nicht sensibel genug dafür geworden zu sein, dass man sich mit einem solchen Gebaren eher Feinde oder doch zumindest eine zu große Distanz zu seiner Umwelt schafft, als dass es zu einem wirklichen Austausch mit einem Gegenüber käme – was vielleicht aber auch, durch das Gefühl einer uneingestandenen Angst vor Nähe diktiert, für ihn ganz angenehm oder sogar von ihm erwünscht war. Insofern überrascht es nicht, dass Vesper zu Beginn seiner Tübinger Zeit als „einsamer Wolf" durch die Straßen und Gassen der Stadt geschlichen ist, wie es in den Notizen zur Fortsetzung der *Reise* zu lesen ist. Andererseits mag es vielleicht wirklich so gewesen sein, dass der seit Kindheitstagen an den

Umgang mit ‚bedeutenden' Männern und Frauen Gewöhnte in einer Parallelwelt lebte, wo nur solch eine Sprache des Beeindruckens und Beherrschens zählte, wenn sie nicht sogar eine unabdingbare Voraussetzung dafür war, überhaupt wahrgenommen zu werden. Er hat sich in seiner Haut jedenfalls nicht immer wohl gefühlt, wie man einer Postkarte an seine Tante Marie Joachimi-Dege entnehmen kann, wo er über eine gewisse Unzufriedenheit, die aber „rein persönlich-psychologisch" sei, klagt.[53] Hinzu kommt seine manische Begeisterungsfähigkeit und Entflammbarkeit für Neues, für spontane Ideen – oft genug mit dem darauffolgenden Absturz, wenn, wie in den meisten Fällen, aus einem Plan nichts wurde. Gerade in dieser Hinsicht hatte er eine schier unerschöpfliche Widerstandskraft entwickelt: Aus den Ruinen eines Projekts reckten schon bald wieder mehrere neue Ideen hydragleich die Hälse empor – die dann ebenfalls nicht voll zu bekommen waren.

Ein solches Auf und Ab und Hin und Her zeigt sich auch bei Vespers Reiseplänen für seine ersten Semesterferien. Bereits während der Schul- und Ausbildungszeit war er „in zehn Ländern als Tramp gewesen",[54] hatte also von Norwegen bis Süditalien viele Teile Europas besucht, und war mit einem weiteren großen Reiseplan nach Tübingen gekommen. Er wollte erstmals Europa verlassen und mit seinem Heinkel-Motorroller den afrikanischen Kontinent von Kairo bis Kapstadt durchqueren. Schon im August 1960 hatte er bezüglich einer für 1962 geplanten halbjährigen „Test- und Informationsfahrt durch Afrika" mit der Heinkel AG Kontakt aufgenommen, die die Reise sponsern oder zumindest unterstützen sollte. Er schrieb, er plane, die Fahrt gemeinsam mit Hasso von Petersdorff zu unternehmen und ein Buch mit Fotografien über ihre Reise zu veröffentlichen.[55] Kurz vor Antritt seines Studiums schreibt er wiederum an die Heinkel AG wegen der geplanten Afrikafahrt mit seinem Roller „Heinkel-Tourist". Die angesetzte Reisezeit hat da allerdings schon eine Schwundstufe von drei Monaten erreicht und ist somit dezent der Länge der Semesterferien angepasst worden. Als verlangte das nach einem unmittelbaren Ausgleich, gibt Vesper an, inzwischen mit A. E. Johann (einem der bekanntesten Reiseschriftsteller der damaligen Zeit) Kontakt aufgenommen zu haben. In diesem Brief an die Heinkel-Werke ist viel von technischen Details die Rede, etwa, wie die Maschine staubdicht zu machen sei etc. Da die in Zuffenhausen bei Stuttgart angesiedelte Motorradfabrik nur etwa fünfzig Kilometer von Tübingen entfernt liegt, schreibt Vesper, er „gehe im Mai in Ihre unmittelbare Nähe, nach Tübingen, von wo aus ich, neben dem Studium, die Vorbereitung der Durchquerung in enger Zusammenarbeit mit dem Werk [...] zu betreiben gedenke."[56] Salopp gesagt, ist die ganze Sache dann bereits weit vor der Sahara im Sande verlaufen, d.h., der Plan für die Afrikafahrt scheint von Vesper, warum auch immer, bald nach diesem Brief endgültig aufgegeben worden zu sein.

Bereits Anfang Juni hat Vesper neue Reisepläne. In einem Brief an seine Eltern schreibt er von einer für den Sommer geplanten Islandreise.[57] Wie kommt er plötzlich auf das (von Deutschland aus gesehen) Afrika diametral entgegensetzte Island, mag man sich fragen. Die Antwort ist wahrscheinlich so banal, dass man sie zuerst kaum glauben mag: Vesper belegte in seinem ersten Tübinger Semester ein Proseminar Altnordisch – und da zog es ihn eben, begeisterungsfähig wie er war, wenig später unwiderstehlich in die Heimat dieser Sprache. Ein anderer als Vesper würde diese Idee vielleicht auch für einige Zeit in seinem Kopf hin- und hergewälzt haben, um sie dann recht schnell wieder als unrealisierbar beiseite zu schieben, denn auch damals gehörte eine Islandreise nicht gerade in die Kategorie ‚studentischer Billigurlaub', aber Vesper spricht sie eben gleich im Brief an seine Eltern aus. Ein weiterer Auslöser für die Idee der Islandreise mag aber durchaus auch gewesen sein, dass das ‚Hauptwerk' seines Vaters, das Blut-und-Boden-Epos *Das harte Geschlecht*, auf Island spielt. Eine Islandreise wäre also auch eine Hommage an das Werk des Vaters gewesen.

Auf diese beiden unverwirklichten Pläne folgte dann eine realistischere Variante. Nur einen Monat später berichtet er den Eltern vom Angebot einer französischen Industriellenfamilie, mit ihr einen Monat in Südfrankreich zu verbringen und während dieser Zeit deren Sohn zu unterrichten.[58] Doch auch zu diesem einmonatigen Arbeitsaufenthalt in Südfrankreich kommt es nicht, obwohl Vesper diese Reiserichtung im August 1961 tatsächlich einschlägt, die Gegend mit seinem Roller aber nur als Durchreisender in Richtung Spanien passiert. Seine Route führt von Straßburg durch Burgund und das Rhône-Tal an die französische Mittelmeerküste; er verbringt zwei Tage in Sète (wo er auf dem Cimetière Marin das Grab Valérys besucht), fährt weiter nach Perpignan, überquert die Pyrenäen, besucht das Montserrat, fährt nach Barcelona, nach Tarragona und weiter nach Denia südlich von Alicante, wo er in einer Bungalow-Siedlung für Touristen arbeitet.[59] „Hier helfe ich bei der Verwaltung von Bungalows, schwimme und tauche, versorge die Gäste, gieße Palmen [...], lese täglich meinen Cervantes und versuche, die einfachsten Regeln der spanischen Sprache zu erlernen",[60] heißt es in einem Brief an Walter Jens. Zu Beginn desselben Briefs hatte Vesper berichtet: „seit Semesterschluß bin ich auf den Spuren Don Quixotes unterwegs, im Augenblick rüste ich am Rande der Mancha zu weiterer Fahrt durch die Dörfer um Huelva, wo Cervantes Steuereinnehmer war, nach Montiel, wo noch heute die Windmühlen stehn usw. Die Eindrücke will ich zu einem Aufsatz verarbeiten, der vielleicht auch etwas für Herrn Leonhardt sein wird."[61]

Doch Vesper ist nicht nur „auf den Spuren Don Quixotes unterwegs", sondern auch auf denen seines Vaters. Will Vesper hatte 1943 *Im Flug durch Spanien. Erzählungen von einer Reise* veröffentlicht, zu einer Zeit also, als die Papierzustellungen an die Verlage kriegsbedingt bereits äußerst eingeschränkt waren.[62] Außerdem gab er 1921 den *Don Quixote* heraus – und vielleicht las Bernward Vesper Cervantes' Roman sogar in der Edition seines Vaters.

Als Vesper nach Tübingen zurückkehrte, hatte er sich darauf eingestellt, von seinem Hirschauer Zimmer (das er vermutlich schon vor der Spanienreise geräumt hatte) in ein neues Zimmer in der Oberen Schillerstraße, diesmal also direkt in Tübingen, zu ziehen. Allerdings war der Neubau anscheinend noch nicht bezugsfertig, so dass er das Angebot annahm, vorläufig im Roigelhaus unterzukommen. Es stellte sich aber heraus, dass die Vermieterin des Schillerstraßenzimmers „ein zu einnehmendes Wesen"[63] hatte, und Vesper entschied, im Verbindungshaus zu bleiben. Hier wohnte er im einzigen Zweierzimmer des Hauses, alle anderen Roigel hatten Einzelzimmer.[64] An den Vater schreibt er: „Mein Zimmer hier ist sehr groß, mit herrlichem Blick auf Tübingen (es liegt auf dem Burgberg). Ich habe es zusammen mit einem schwäbischen Theologiestudenten [...]. Da ich meist von 8–22 Uhr nicht zu Haus bin, oft noch länger zu Vorträgen und dergleichen fort, stören wir uns nicht gegenseitig, zum Wochenende geht mein Mitmieter nach Hause, so daß ich das Zimmer allein habe."[65] Er beschreibt auch seinen Tagesablauf: „Morgens stehe ich meist um halb acht, acht Uhr auf, vor neun habe ich keine Vorlesungen. Dann kaufe ich beim Bäcker unten an der Ecke ein paar Brötchen, gehe ins Hanseatic, wo man Kaffee für 0.20 bekommt, eine Tasse heißen, esse dort meine Brötchen, gehe ins Seminar und in die Vorlesungen, trinke vielleicht am Vormittag ein Glas Milch im Klubhaus, und gehe mittags dann essen im Roigelhaus. Nachmittags kaufe ich mir Obst, abends mache ich mir Haferflocken oder dergleichen."[66]

Vesper hatte als Mitbewohner des Roigelhauses zwangsläufig mehr soziale Kontakte als in seinem ersten Semester, selbst wenn er von früh morgens bis spät abends außer Haus war, was wiederum darauf hindeutet, dass ihm *dieser* Kontakt nicht wirklich wichtig war.

Er suchte aber ganz offensichtlich dennoch freundschaftlichen Anschluss, denn nur wenige Tage nach Beginn des Wintersemesters klingelte er an der Tür von Harald Weydts Studentenbude in der Tübinger Südstadt, um sich vorzustellen. Er hatte dessen Schwestern Inge und Regine im Sommer in Perpignan kennen gelernt und sich von ihnen die Adresse des Bruders geben lassen. An die Eltern hatte er aus Spanien über „zwei deutsche Studentinnen, die Töchter von Prof. Wheydt [sic!] (Germanist in Münster)"[67] geschrieben. In der Klammer des Briefs deutet sich an, was auch Harald Weydt in seinen mir mitgeteilten Erinnerungen an Vesper vermutete, nämlich, dass dieser sich für ihn zunächst und vor allem als Professorensohn interessiert habe. Vesper, der, wie Weydt sagt, „sehr an Kontakten interessiert war", ging, bald nachdem sie sich kennengelernt hatten, Weydts Adressbuch durch, wohl auf der Suche nach prominenten Namen. Trotz dieses eher schwierigen und zweifelhaften Beginns entwickelte sich zwischen beiden eine Freundschaft. Weydt erinnert sich, dass er mit Vesper sehr gut und oft nächtelang über Literatur diskutieren konnte. Das seien mit seine besten und lebendigsten Gespräche überhaupt gewe-

Harald Weydt, ca. 1961/62 in der Bibliothek des Deutschen Seminars im Hegelbau

sen. Vor allem in der modernen Literatur habe Vesper sich sehr gut ausgekannt. Vesper habe den Anspruch gehabt, zur geistigen Elite zu gehören, sein Plan sei es gewesen, als Intellektueller vom Schreiben zu leben. Zusammen besuchten sie Tübinger Autorenlesungen wie die von Uwe Johnson und Günter Grass, gingen ins Kino oder in die französische Offiziersmesse an der Blauen Brücke – Weydt war Mitglied im Club d'Amitié de France und hatte eine französische Sprach-Tandempartnerin, Anne de Colbert, die Vesper auch in einigen seiner Briefe an die Eltern erwähnt. Weydt erinnert sich an manche ihrer nächtlichen Heimwege in die Südstadt, wo Vesper phantasierte, das sei jetzt, als ob sein Vater mit einem seiner Schriftstellerfreunde nach langem Kneipenabend in Schwabing zusammen nach Hause ginge. Weydt kam Vespers Verhalten oft sehr „inszeniert" vor, als würde er seinen Vater nachmachen, dessen Leben nachleben wollen. Es ist bezeichnend, dass die beiden nie zu Vesper nach Hause gingen; Weydt wusste nicht, wo Vesper wohnte und war überrascht, als ich ihm bei einem unserer Gespräche von dessen Roigelzeit erzählte. Denn obwohl er Vesper als „Enthusiasten seines Vaters" kennen gelernt hatte – was zu einer „Fehlinterpretation" des Vaters geführt habe, vor allem, wenn Vesper immer wieder hervorhob, der Vater habe sich für diesen oder jenen eingesetzt (in dem Zusammenhang wird sicher auch der Name Schickele gefallen sein) – erinnert sich Weydt an Vesper als einen damals schon Linken. Vesper hatte ihm gegenüber beispielsweise auch nie die Lippoldsberger Dichtertreffen erwähnt. Er sei ein „großer Synthetisierer" gewesen, der sogar seinen Vater in seinem linken Weltbild problemlos untergebracht habe. Nach den ersten *ZEIT*-Absagen habe er sich als von Leonhardt Verfolgter gefühlt, der, so seine Überzeugung, etwas gegen ihn als Linken gehabt hätte.[68] Zu diesen von Weydt an Vesper wahrgenommenen Sympathien für die Linke gesellten sich aber die „Allüren eines Adligen". So schlug Vesper Weydt beispielsweise vor, ihn auf dem elterlichen Gut Triangel zu besuchen, um dort mit ihm „auszureiten". Weydt erinnert sich an eine Begebenheit, die Vespers Hilflosigkeit und seinen Dünkel gegenüber den ‚kleinen Leuten' zeigte. Vor dem Stift kam den beiden eines Nachts ein betrunkener Bauarbeiter entgegen und sprach sie an, worauf Vesper sofort wegrannte. Während Weydt sich mit dem Arbeiter unterhielt, rief Vesper, fast hysterisch und aus sicherer Entfernung: „Harald, komm sofort her, es ist unter meiner Würde!".

Vor dem Hintergrund dieser Episode ist es beachtlich, dass sich unter Vespers literarischen Versuchen aus dieser Zeit ein beinah schon masochistisch sezierender autobiographischer Prosatext befindet, in dem er sich selbst als arroganten Feigling bezeichnet – eine Charaktereigenschaft, die ihm, wenig schmeichelhaft, einige seiner damaligen Freunde und Bekannten nachsagen. Die bislang unveröffentlichte Skizze entstammt einem Textkonvolut, das im Winter 1961/62 entstand und ähnelt im Stil bereits verblüffend den mit „Einfacher Bericht" überschriebenen Passagen, die fast ein Jahrzehnt später entstehen und als eindringliche Kindheitsprotokolle Aufnahme in die *Reise* finden sollten:

> „Feigling! Noch immer der alte Feigling! Der beim Wettlauf die staubige Dorfstraße entlang die Sandalen verlor, damit er sich nicht messen musste. Der beim Wettschwimmen sein schwaches Herz angab, beim Skifahren den verstauchten Fuß, der immer und immer sich davor drückte, sich zu messen, aus Furcht, die eigene ungeheure Schätzung müßte einstürzen. Weil du wüsstest, sie würde stürzen. [...] Und dann käme es raus, dann müßtest Du mitmarschieren die grauen Wände entlang. Du bist nichts Anderes, nichts Besonderes, niemand, der dasitzen kann an einem Hang und den Wolken nachsehen und unten arbeiten sie in den Fabriken und marschieren über die Kasernenhöfe links rechts, links rechts, links, rechts, den Blick voran, den Schmerz den Rücken hinunter, die brennenden Augen voller Staub und Salz und links rechts marschieren, rechts schwenkt marsch, die Fahne hoch, von allen blauen Augen reitet der Tag ins Land; du bist keiner, der an den geöffneten Fenstern der Schule vorbeigehen kann und die Lehrer wachen über amo amas amat amamus amis [sic!] amant die Oberlehrer in den verschwitzten Hemden die Gummihosenträger grün und grau gestreift die Schwitas-Verschlüsse blitzend in der Sonne unter der Kastanie in der Pausenzeit, und die Meute daherum, die geht vorbei, die Hände in den Taschen, das gibt es nicht, du bist nichts Besseres, das ist ein Traum, du glaubst es kaum und ist doch wahr, [...] und die Sonne wie rote Tücher an ein paar Giebel gehängt in blaues und grünes Augenzwinkern der Neonreklamen das geht dich an, Du bist nichts Besonderes und gar nichts Besseres, Du hast

> nur Angst Dich zu messen und gehst an allem vorbei. Feigling! Der Blick zwischen den Wimpern, die auch nicht länger sind und die schmalen Hände, die zu nichts berechtigen und das spöttische Lachen, das gar nichts besagt, Feigling! Komm doch her, wenn de was willst, komm doch näher ran! Wenn Du nicht Xandreh gehabt hättest auf dem Schulhof, den polnischen Teufel, der sie dir vom Leibe gehalten, Du hättest schwer damals deine Leviten bezogen, aber immer das unverschämte Glück obendrein, diesen Xandreh zum Beispiel, der wie ein Hund glücklich war, wenn er Dir die Leute vom Leibe halten durfte mit seinen weißen, finnigen Armen und den Muskeln wie aus Birkenholz so federnd und hart, da standest Du mit Deiner kleinen Lederhose und den rauen Socken aus Schafwolle und du mußtest nicht mitschreiben, wenn sie eine Übung machten, dann durftest Du im Schulgarten Pflanzen und die Obstbäume schneiden, das konnte keiner außer Dir und mußte getan werden, und du hast Dich gefreut und hast Dich gedrückt. Feigling. [...]"[69]

Zum Bruch mit Harald Weydt kam es, weil Vesper immer wieder feststehende Dinge, wie etwa Formenbestimmungen im Althochdeutschen, diskutieren wollte – Dinge, die eigentlich nicht zu diskutieren waren, sondern einfach zur Kenntnis genommen werden und gelernt werden mussten. Weydt sah hier einen starken Gegensatz zwischen Vespers Anspruch und seinen Leistungen: er kannte die Regeln eben einfach nicht, weil er sie nicht gelernt hatte. Ähnliches berichtet auch Vespers spätere Geliebte, Elisabeth Albertsen, über Vespers ‚Elan' beim Besuch der Lateinkurse; er hatte schlicht kein Interesse daran und besuchte den Kurs nach drei, vier Sitzungen nicht mehr. Wegen eines ähnlich banalen Streits beim gemeinsamen Lernen des Althochdeutschen – Vesper wollte wieder einmal über die feststehenden Strukturen diskutieren – schmiss Weydt ihn entnervt aus seiner Bude und danach war ihre Freundschaft für eine Weile beendet. Erstaunlich, wie kühl und überlegen Gudrun Ensslin darüber urteilte, als Harald Weydt ihr und Dörte vom

Bruch mit ihrem Freund erzählte: „das muss man nicht so ernst nehmen", war ihre lapidare Antwort. Aber das greift in der Zeit bereits weit vor.

Ähnlich nobilitierende Töne wie oftmals gegenüber seinem Freund Harald Weydt schlägt Vesper auch in einem Brief an die Eltern an, in dem er von einem Fackelzug für Walter Jens berichtet. Jens hatte einen Ruf an die Technische Hochschule Darmstadt bekommen. Zur damaligen Zeit war es üblich, dass Studenten für Professoren, die einen Ruf an eine andere Universität erhalten hatten, Fackelzüge veranstalteten, um den Professor vom Hochschulwechsel abzuhalten. Aus der Tübinger Universitätszeitschrift *Attempto* geht hervor, dass im Tübingen der frühen 60er-Jahre diese Veranstaltungen geradezu inflationär waren. Kaum eine Woche verging ohne dieses uns heute fremd gewordene, archaisch anmutende akademische Ritual (das gerade in Tübingen eigenartig berührt, denn dort bringt man gegenwärtig mit einem Fackelzug nur noch das Mai-Singen der Burschenschaften in Verbindung, anlässlich dessen die Korporierten bis zum Verbot im Jahr 2002 mit Fackeln von ihren Verbindungshäusern auf den Holzmarkt zogen – eine reaktionäre Veranstaltung, zu der sich stets zahlreiche lautstarke, mit Trillerpfeifen bewehrte Gegendemonstranten einfanden). Aber nun zu Vespers Bericht vom 21. November 1961 an die Eltern:

> „Gestern hat die Universitätsstadt ein größeres Ereignis hinter sich gebracht: einen Fackelzug für Prof. Jens, der traditionsgemäß hier gemacht wird, sobald ein Professor einen Ruf an eine andere Universität (Jens nach Darmstadt) erhält, – die Schüler sammeln sich und ziehen mit Fackeln zu seinem Haus, ihn zu bitten, zu bleiben. [...] es sammelten sich gegen sieben viele hundert Stu-

denten hinter der Neuen Aula, und zogen auf Umwegen in weiten Bogen zur Haußerstraße hinauf: es war ein wunderbares Bild, wie ein endloser glühender Heerwurm gingen die Fackeln durch die Nacht.

Jens stand im Vorgarten seines Hauses und der Sprecher des Zuges, ein alter Student, sagte in ein paar Worten eine Bitte her: er habe vor fünf Jahren, 1956, mit 14 Schülern im Colloquium angefangen, heute sind es 1400, es muß von diesem Semester an an zwei Abenden abgehalten werden, usw. Jens war sichtlich gerührt und hielt seinerseits eine kleine Rede, die im allgemeinen so aufgefaßt wurde, daß er hier bleiben wird, falls er Arbeitsmöglichkeiten und volle Freiheit behält: In Darmstadt erwartet mich ein reich ausgestattetes Institut, mit Assistenten und vielen Möglichkeiten des Ausbaus nach eigenen Plänen, – die Aufgabe des Institutes ist, die deutsche Literatur gegen das Ausland zu vertreten, ich werde Reisen machen und überall sprechen müssen, aber ich habe mir überlegt: – und umstanden von den fackeltragenden Hörern sprach er über Tübingen – daß mich so vieles an diese Stadt bindet, die in dem weiten Raum nach Süden hin offen liegt, die Alb, die ich von meinem Fenster aus sehe, nicht als Grenze, sondern als Verbindung, von den Handschriften in Sankt Gallen über die Engel von Straßburg bis zu dem herrlichen Barock Zwiefaltens, ein Raum der erlesensten Kultur, der bedeutendsten Tradition. Und dazu die Stadt selbst, die Straßen, durch die der blinde, alte Hölderlin tappend ging, wo seit Kepler die großen, wissenschaftlichen Arbeiten geleistet werden, wo Hegel und Schelling aus dem Stift hervorgingen – das alles – geeignet, sich selbst zurückzuweisen auf den Maßstab der eigenen Bedeutung, und man trennt sich nicht von einer Stadt, wo man die Gelegenheit hat, sich vor der Gestalt des großen Eduard Spranger ehrfurchtsvoll zu verneigen und mit dem väterlichen Freunde Bloch Gespräche zu führen. Und dann bedeutet das den Abschied vom Colloquium, dieser in Deutschland, ja in der Welt einmaligen Arbeitsgemeinschaft, die in ständigem Austausch zwischen Lehrendem und Lernenden der Literatur und Dichtung nachgeht […]. Es ist bestimmt nicht gewöhnlich, daß ein Romancier Hochschullehrer ist, und so habe ich auch hierzu etwas zu sagen: ich hatte eine Rede vorbereitet, Worte, aber wie ich sie

Wie Herakles am Scheideweg

Zwischen Tübingen und Darmstadt / Fackelzug für Professor Jens

Am Montagabend brachten 300 Studentinnen und Studenten Professor Dr. Walter Jens einen Fackelzug, damit ihm die Entscheidung leichter falle, einen Ruf der Technischen Hochschule Darmstadt abzulehnen. Die Hörer seiner Vorlesung und die Teilnehmer an seinem Seminar und seinem Colloquium im Leibniz Kolleg ließen sich von dem kalten Novemberabend und dem halbstündigen Fußmarsch zur oberen Haußerstraße über Wege, die Pfennigabsätzen recht abträglich waren, nicht verdrießen. Kurz nach 20 Uhr standen sie mit ihren Fackeln im Garten vor seiner Wohnung, wo Professor Jens sie begrüßte.

Der Sprecher der Studenten dankte ihm insbesondere für das Colloquium, das Professor Jens im Leibniz Kolleg seit Jahren für Hörer aller Fakultäten hält. Während der zwölf Semester habe sich die Teilnehmerzahl ja von knapp 50 auf viele Hundert erhöht. Dieses Colloquium sei wahrscheinlich einmalig an den deutschen Hochschulen, meinte der Sprecher. Vor allem vermittle es Anregungen und Erkenntnisse, die man nicht ohne weiteres den Lehrbüchern entnehmen könne. Als die Teilnehmer daher zu Beginn dieses Semesters von dem Ruf der TH Darmstadt an Professor Jens gehört hätten, habe man sich ‚beunruhigt gefragt: „Was will er denn bei den Technikern?" Er könne doch nicht sein Colloquium einfach im Stich lassen. Der Sprecher schloß im Namen aller Anwesenden mit der Bitte, Professor Jens möge in Tübingen bleiben.

Der Professor drückte seine freudige Überraschung — man müsse bei solchen Anlässen immer den Überraschten spielen, meinte er schmunzelnd — über den Fackelzug aus. Er sei gewissermaßen Herakles am Scheideweg. In Darmstadt biete man ihm eine interessante Stelle, von Tübingen komme man auch schlecht los. Diese Stadt im Neckartal mit der Aussicht auf die Berge der Alb, die den Blick nicht begrenzten, sondern in größere Ferne lockten, sei ihm ans Herz gewachsen. Und wo stoße man fast täglich auf Erinnerungen an Geister wie Kepler, Hegel, Hölderlin wie hier in Tübingen?

Auch wenn sich bereits eine Firnis von Sekundärliteratur über die eigenen Bücher lege, komme man sich hier immer noch klein vor, könne ein Lernender unter Lernenden bleiben. Wie seine älteren Kollegen in dieser Umgebung der Forschung dienen, Entbehrungen auf sich zu nehmen und auch auf äußeren Glanz zu verzichten: das falle einem hier nicht schwer. Gerade in seinem Alter könnte man in dieser Stadt nach den Unruhen der Kriegs- und ersten Nachkriegsjahre einen ruhenden Pol, eine Heimat finden, bemerkte der 38jährige Hamburger. Deshalb wisse er nicht, wie er sich von Tübingen trennen könnte, von dieser Stadt und ihrer Universität, deren liberale Toleranz den Romancier und Essayisten, das Mitglied der Gruppe 47, gelten lasse, wie den klassischen Philologen.

Er sei ein altmodischer Mensch, dem es keine Kleinigkeit bedeute, sich vor einem Gelehrten wie Eduard Spranger verneigen zu können oder die väterliche Freundschaft eines Ernst Bloch zu genießen. Daran werde er denken, wenn er gegen Ende des Semesters die entgültige Entscheidung treffen müsse. Und nicht zuletzt werde er sich dann dieses Fackelzugs erinnern, der Dankbarkeit und Anhänglichkeit seiner Studenten.

Mit einem kleinen Umtrunk versuchten Frau Dr. Inge Jens und der Professor, die Studenten an diesem kalten Abend etwas aufzuwärmen und ihnen über die Enttäuschung hinwegzuhelfen, daß sie noch keinen eindeutigen Bescheid mit nach Hause nehmen konnten. Nach Professor Jens' Bekenntnis zu Tübingen ist ihnen aber um das Colloquium weniger bang. br.

Während die letzten Fackeln herunterbrennen, gibt Professor Jens (rechts) ein Colloquium privatissime heiterer Schnurren. Bild rechts: seine aufmerksamen Zuhörer. Bilder: Göhner

einigen Gebieten Überschwemmungen auf, die vom schmelzenden Schnee der Gebirge herrühren.

80 Prozent der 20 Millionen Einwohner umfassenden Bevölkerung des Irans leben noch in Armut und sind Analphabeten. Nur eine dünne Schicht kann sich wohlhabend nennen. Die Hälfte der Einwohner ist persischen Ursprungs. Nahezu die ganze Bevölkerung bekennt sich zum Islam. Bemerkenswert ist die Tatsache, daß die Bezeichnung Iran erst 1935 vom Ausland

Tagebuch der

Prüfung als Bester bestanden

Nach einem vierwöchigen Lehrgang in der Bundesfachschule Bad Reichenhall hat Manfred Zapf, Tübingen („Krumme Brücke") die Prüfung als Küchenmeister bestanden. Der 26jährige Jungmeister erzielte als jüngster Teilnehmer mit der Note 1,3 das beste Ergebnis.

Eine kalte Nacht

Das klare Wetter der letzten Tage hat zu einem starken Absinken der Temperatur geführt. Das tiefste Minimum in diesem Herbst wurde am Dienstagfrüh vom Wetterdienst auf dem Schloß mit — 7,2 Grad in zwei Meter über dem Boden gemessen; unmittelbar am Boden waren es sogar zwei Kältegrade mehr.

Bamberger Symphoniker spielen

Auf Einladung der Museumsgesellschaft und des Allgemeinen Studenten-Ausschusses geben die Bamberger Symphoniker heute, Donnerstag, um 20 Uhr c. t. im Festsaal der Universität ein Symphoniekonzert. Sie spielen Werke von Joseph Haydn, Igor Strawinsky und Johannes Brahms. Die Leitung hat Jan Koetsier.

Rentenzahlung für Dezember

Die Auszahlung der Renten für den Monat Dezember erfolgt beim Postamt Tübingen: am 28. November Versor-

Artikel über den Fackelzug für Walter Jens in der *Tübinger Chronik* vom 23. November 1961

kommen sah, den Berg heraufziehend, spürte ich, daß das alles nichts mehr bedeutet. Ich will es Ihnen im Gleichnis des Gedichtes sagen, was ich denke, – und er zitierte: Mir träumte heute nacht von einem großen Sturm, und das mächtige Stahlgerüst des Baues brach zusammen, aber der hölzerne Schragen, der so schwach war, schwankte nur und überstand den Sturm. Wenn ich von hier fortgehe, so kann das noch mehr Glanz bedeuten, höhere Wirkung, Ehre und Ruhm, – aber was bedeutet das schon, noch bin ich ein iuvenes, in wenigen Jahren bin ich ein vir, langsam legt sich über meine eigenen Bücher ein Firnis von Sekundärliteratur, eine Dissertation in Bari, eine in Gent morgen. Auch der Ruhm der Zeitungen ist doch nur oberflächlicher Art. [...] Und warum soll ich mich auf ein hohes Gerüst stellen, welches der Sturm zerbrechen kann, wenn ich hier vom hölzernen Schragen aus die Arbeit, die ich noch vorhabe, betreiben kann? Unsere Generation, die den Krieg getragen, weiß, daß dies der allergrößte Nutzen ist. Und keine Stadt wie Tübingen, die Ruhe zur Arbeit und den Austausch mit den größten Gelehrten zusammen mit der erlauchten Tradition verbände. Wenn ich gegen Ende des Semesters mich endgültig entscheiden muß, werde ich mich an diese Stunde erinnern, wo sie gekommen sind. Ich danke ihnen sehr.

Nach und nach zerstreuten sich die Studenten. Außer der Rede [...] steht leider nicht viel hier, aber sie gibt vielleicht doch ein Bild von dem, was hier in den letzten Tagen die Menschen bewegte.“[70]

An dem Brief fällt auf, dass Vespers Stil zweimal in alte *Soldatenzeitung*stage abgleitet. Zum einen ist von einem „endlos glühenden Heerwurm“ die Rede, zum anderen sollte Jens, so die Formulierung Vespers, „die deutsche Literatur gegen das Ausland [...] vertreten“ – beides verweist doch sehr auf die Sprache der 30er-Jahre, wie sie auch in vielen der offen reaktionären Blätter, für die Vesper bis um 1960 geschrieben hatte, noch immer zu lesen war.

Vespers Bericht ist an einigen Stellen sicherlich übertrieben und zu dick aufgetragen, wie man aus einem Vergleich mit dem Artikel in der *Tübinger Chronik* ersehen kann (der übrigens gänzlich ironiefrei mit „Herakles am Scheideweg“ überschrieben ist). Aber auch mit diesen Abstrichen schraubt sich die Jenssche Rhetorik hier doch in derart schwindelerregende

Höhen empor, dass man nicht nur einmal versucht ist zu sagen: Etwas weniger rhetorischer Rückenwind hätte auch dieser Rede gut getan. An solch einem offensichtlich fundamental anderen Umgang mit Pathos und Ironie bzw. Ironielosigkeit bei einem Abstand von nur 40 Jahren wird ersichtlich, wie man als ‚Nachgeborener', der sich bemüht, ein Gefühl für eine frühere Zeit zu bekommen, manchmal tatsächlich außen vor bleiben muss. Ich habe diesen Brief nicht zitiert, um Vesper oder Jens lächerlich zu machen oder sie mit einer Jahrzehnte später leicht zu habenden Ironie zu demontieren. Ich denke aber, man sollte auch diese ‚erlauchten', uns heute fremd gewordenen Akademie-Töne nicht ausblenden, wenn man die frühen 60er-Jahre und aus ihnen heraus die Entwicklung Vespers und auch Ensslins verstehen möchte.

Ganz anders ist der Ton, der in Vespers literarischen Texten jener Zeit erstmals vernehmbar wird. Dort ist nichts mehr von der nobilitierenden Grandezza des Fackelzug-Briefs vorhanden und man fragt sich beim Lesen immer wieder, ob diese so unterschiedlichen Schreibweisen tatsächlich von ein und derselben Person stammen können. Der Winter 1961/62, den Vesper im Roigelhaus verbrachte, war literarisch gesehen seine wohl produktivste Phase während der ganzen Tübinger Zeit. Diese Texte zeigen, dass Vesper nach neuen Ausdrucksmöglichkeiten suchte, die seine bisherigen, zumeist epigonalen Versuche im Stil des Vaters oder ähnlicher, rückwärtsgewandter Autoren weit hinter sich ließen. Bei der Bewertung dieser Texte sollte man allerdings berücksichtigen, dass viele von ihnen ‚mit heißer Nadel gestrickt', d.h. in einem Zug niedergeschrieben und dann nicht weiter überarbeitet wurden. Manches daran ist noch ungelenk, anderes aber auch schon atmosphärisch sehr dicht; als Dokumente für Vespers frühen Weg als Autor sowie als stimmungsgeladene Tübingen-Portraits erscheinen mir die folgenden Prosaskizzen äußerst lesenswert.

Mit dem ersten Text machen wir einen kleinen Zeitsprung in den Februar 1962:

> „Schnee Regen Schnee, in den grauen Steinen die Spiegelung der Nacht, in der unteren Schicht der Wolken das Licht der Stadt verfangen, der leeren, unheimlichen Stadt, – die Straßen leer und erstorben die Laute, Kandelaber mit sirrenden Gaslampen in den Straßen der toten Vorstadt, Katzen in den Tunnels unter der Eisenbahn, Hunde und Ratten in den Schuppen am Fluß, der an den Brücken steigt und fällt und Reisig Bretter Schilf und Bäume an die morschen ächzenden Eisbrecher preßt – ich hab es satt, der Gang am Morgen die Steige hinab, zwei Brötchen ich habe es satt, im Stehcafé das Warten vor dem Chromapparat die Musik aus den verborgenen Lautsprechern dem bengalischen Licht hinter dem Plexiglasschirm und die Tüte mit den Brötchen aus der Tasche, [...] Asche auf den Tischen, neben die Becher getippt, das Lachen der Menschen die ihre Münder öffnen ohne je etwas zu sagen, nur Lachen, den knirschenden Schmutz unter der Sohle, ich habe es satt. Der Fraß zu Mittag, der Fraß, erst wenn der Kopf schmerzt und der Magen die ranzigen Säfte durch die Kehle in den Mund preßt [...] Gegen eine Marke eine Mahlzeit; der geteilte Teller, Nudeln von ranzigem Fett triefend und eine braune fettige Sauce mit Fleisch, es riecht wie Erbrochenes, fein und wie die Fasern aus dem Hals eines Kotzenden, der zuvor ein Kotelett gegessen Der Platz ist belegt; keine Luft, das Stochern in dem Erbrochenen ein paar Nudeln in den Magen in dem sich gräßliche stinkende Luft zusammenballt macht doch das Fenster auf mir wird übel, [...] das Stochern in dem Fraß, nein, ich habe es satt, ein Ruck, durch den Magen, ich muß brechen, zwischen den Tischen durch an der ewigen Schlange vorbei hinaus ich habe das so satt.“[71]

Nach einem düsteren Eingangsteil – man ist versucht, sich Bilder und Szenen eines Tübinger film noir vorzustellen – begegnet uns wieder der morgendliche Gang in die Stadt, zum

Karikatur aus der Tübinger Studentenzeitschrift *notizen* über die zweifelhafte Essensqualität in der Mensa Prinz Karl

Café Hanseatic, zur Mensa, den Vesper wenige Wochen zuvor im Brief an die Eltern geschildert hatte. Man ist zunächst vielleicht geneigt, dem Text, der von einem großen Weltekel gespeist ist, eine gewisse Herrensöhnchenhaftigkeit vorzuwerfen (der Sohn aus hohem Hause, der die Zumutungen einer Massenverpflegung durch die Mensa nicht erträgt), aber die Tübinger Mensa Prinz Karl genoss zu dieser Zeit tatsächlich nicht den besten Ruf. Das Essen war von schlechter Qualität und die engen Räumlichkeiten trugen ein Übriges zur Atmosphäre bei, die Vesper beschreibt. Auch die damalige Studentenzeitschrift *notizen* schildert die zuweilen nur noch mit Galgenhumor zu ertragenden Zustände in ironischen Artikeln. Vesper wendet sich mit einem Text wie diesem jedenfalls deutlich ab von der weltlosen l'art pour l'art-Lyrik à la George oder Hofmannsthal, die er bislang zumeist geschrieben hatte; er ist, auch literarisch, in der Tübinger Gegenwart angekommen.

In einem anderen Text beschreibt er, wiederum in Form eines nur durch Kommata unterbrochenen Sprachflusses, einen weiteren Teil seines Studentenalltags:

> „Er ging durch die hellen Flure, über die Treppen, vorbei an den angestrichenen Türen der Toiletten, hinter denen die scharfriechenden Porzellanschalen an der Wand hingen und die Becken standen, in denen die braunen Fäkalien oft tagelang halbhoch schwammen, vorbei an den Anschlagtafeln und schwarzen Fenstern, an gelben Plakaten und weißen Zetteln, vorbei an den Studenten, die wie Stumme oder auch unendlich fern Sprechende die Schultern über Mappen gehängt, an ihm vorbeigingen, vorbei an den Regalen wo die Bücher auf gelben Borten standen, die Reihen, zwischen den schwarzen Eisenstäben, vorbei an den grauen Türen, den Sesseln und Rauchtischen, die voller Zeitungen lagen, vorbei an Papierkörben, die mit Apfelsinenschalen und Zigarettenasche gefüllt, mit Unrat und zerdrückten Stullenpapier, und er sog den Gestank ein, der aus den sich öffnenden Türen schlug, und atmete den Rauch der blau über die Scheiben schwebte und auf den mageren Topfpflanzen lag, atmete den herben Geruch der Bücher in den Regalen an denen er vorbeiging, dieser tausende von Büchern, von Werken, Dokumenten, Systemen, die alle auf eine unheimliche Art zu stimmen aufgehört hatten [...] Assistenten, die das Licht gelöscht hatten und die Aktentaschen trugen und die Tür öffneten, damit der Professor eintrete zu einer Verabredung, die nicht mehr stimmte und ein System zu lehren, das auf dem Stundenplan unter der Lampe aufgeschlagen war, an der er vorbeiging ehe er das System lehrte, das längst zu stimmen aufgehört hatte, ein System aus den Büchern, den Werken, den Dokumenten, die in den langen hölzernen und eisernen Regalen standen, hinter den Stühlen der Studenten, die die Systeme studierten, nach Stundenplänen, die längst nicht mehr stimmten, in den Fluren, den Rauchzimmern, in denen Zeitungen lagen, deren Nachrichten längst überholt waren, [...] entlang an den Regalen, den Büchern, den Systemen, einen Tisch zu suchen, um ein System zu studieren, das längst nicht mehr stimmte, das ein Professor erdacht hatte, der vorbeiging und der auf eine fremde, unheimliche Art die Stu-

Bibliothek im Hegelbau, ca. 1960

denten grüßte, die nicht mehr stimmte, gefolgt von einem Assistenten, der das Licht gelöscht hatte und die Aktentasche trug mit neuen Systemen, die Studenten lernen würden und die auf eine neue und verblüffende Art längst zu stimmen aufgehört hatten, [...]"[72]

Diese Prosaskizze beschreibt ganz offensichtlich eine Szenerie im Hegelbau der Universität, in dem Vespers Studienfächer Deutsch und Geschichte unterrichtet wurden. Das Unbehagen geht aber diesmal weit über den ‚Mensaekel' des vorigen Textes hinaus. Wiederum sind die Menschen dem Sprecher, obwohl sie ihn direkt umgeben, ihn fast belagern, eigenartig fern und bleiben stumm. In der Szene im Café Hanseatic des ersten Textes war vom „Lachen der Menschen die ihre Münder öffnen ohne je etwas zu sagen" die Rede, hier gibt es „Studenten, die wie Stumme oder auch unendlich fern Sprechende [...] an ihm vorbeigingen". – Eine eigenartige Umkehrung der Tatsachen, war doch Vesper derjenige, der in seinen ersten Tübinger Wochen

‚stumm' blieb, wie er in einer *Reise*-Notiz schrieb: „seminar, ich konnte nicht sprechen. was ist ein seminar? erst nach zwei monaten ging ich in den hegel-bau." (663) Es ist ein krasser Widerspruch zwischen diesem Text einerseits, in dem Vesper die Sinnlosigkeit und Ausweglosigkeit des Wissenschaftsbetriebs in mäandrierenden Sätzen beschreibt, in denen er sich völlig illusionslos gibt, und einem Brief wie dem über den Fackelzug für Walter Jens andererseits, wo ihm nichts fragwürdig zu sein scheint, wo er jeden Satz und jede Geste des verehrten Professors ganz gierig in sich aufnimmt und vollmundig an die Eltern weitergibt. Hier aber ist der andere Vesper, der eigentlich mit seinem Studium, noch ehe es richtig begonnen hatte, bereits abgeschlossen hat. Vielleicht hätte er diesen ‚Systeme'-Text in die *Reise* aufgenommen, hätte er sein Buch zu Ende schreiben können. Darauf deutet jedenfalls die wiederholte Nennung des Textes in den Materialien zur *Reise* hin.

Der Text wird an einer Stelle (629) in Verbindung mit Ralf Dahrendorf genannt. Vesper hatte im Wintersemester erstmals ein Seminar bei dem damals bereits bekannten Soziologen belegt.

An einer anderen Stelle heißt es selbstkritisch: „Systemen, die längst zu stimmen aufgehört hatten, hielt er ein System entgegen, das nur in der Verneinung dieser Systeme existierte, und das ungewisse Gefühl von der Ungültigkeit war, weil Stimmung, genau das, was ihn an diese Systeme band, eine Meinung unter andren". (591) „Eine Meinung unter andren" – das deutet auf eine gewisse Beliebigkeit hin, die Vesper sich vorwarf. Schärfer, aber auch lapidarer formulierte er diese Selbstkritik in dem Satz: „Die eine Meinung vertreten, ohne die andere zu bekämpfen (die er gerade zuvor vertreten)".[73] (590)

In einer weiteren Notiz lesen wir: „letztes jahr in marienbad. (systeme, die längst zu stimmen aufgehört hatten)" (663) – ein wichtiger Hinweis, der zwischen all den kleinen eingestreuten Gedankensplittern und Assoziationen, die den Stil der *Reise* oftmals bestimmen, leicht zu überlesen ist.

Vesper hatte Ende Januar 1962 zusammen mit Harald Weydt im Tübinger Filmstudio Hirsch *Letztes Jahr in Marienbad* von Alain Resnais angesehen. Er scheint von dem fremdartigen und radikalen Film so angezogen gewesen zu sein, dass er seinen ‚Systeme'-Text wohl wenig später mit Anleihen an den Stil des Filmtexts von Alain Robbe-Grillet niederschrieb. In einer atemberaubenden Geschwindigkeit hatte sich der Stimmenimitator Vesper den Ton Robbe-Grillets, der sich suggestiv durch den ersten Teil des Resnais-Films zieht, angeeignet. Hiermit soll kein beckmesserischer Plagiat-Vorwurf gegen Vespers Text erhoben werden, zumal in den imitierten fremden Ton ja sofort auch Eigenes einfloss. An diesem Beispiel will ich nur zeigen, was für ein enormes Talent der Anverwandlung Vesper besaß, wie aufnahmefähig er für neue, fremde Einflüsse war. Man muss sich Vesper als jemanden vorstellen, der im kulturellen Milieu stets mit gespitzten Ohren unterwegs war. Oder sollte man auch hier wieder in seine schonungslose Selbstkritik einstimmen: „Oft wechselte er die Schauplätze, um mit den gespeicherten Daten, die er hier ergattert, dort zu erschrecken" (593)?

Nun aber kurz zum Filmskript von Alain Robbe-Grillet. Nach einem Vorspann mit Kamerafahrt durch die Räume eines Schlosses setzt eine monologisierende Sprecherstimme aus dem Off ein: „Wieder – gehe ich, wieder diese Flure entlang, durch diese Säle, durch diese Galerien, in diesem Bauwerk – aus einer anderen Zeit, diesem gigantischen Hotel, luxuriös, barock – unheilverkündend, wo endlosen Fluren Flure folgen, – lautlose, leere, überladen mit düsterem, kaltem Zierat, mit Getäfel, mit Stuck, mit den geschnitzten Füllungen der Türen, mit Marmor, erblindeten Spiegeln, verblichenen Gemälden, Säulen, erdrückenden Tapeten, – geschnitzte Rahmen der Türen, Reihen von Türen, von Galerien, – Fluchten von Fluren, die wieder in leere Salons führen, in Salons, überladen mit dem Zierat einer anderen Zeit, in schweigende Säle …"[74] Mit derlei fugenartigen Wiederholungen und Variationen fährt der Text Robbe-Grillets noch einige Filmminuten lang fort. Man merkt bereits an diesem kurzen Skriptauszug, wie stark Robbe-Grillets fast hypnotischer Stil auf Vesper gewirkt haben muss, und wie er in der Folge die Niederschrift des ‚Systeme'-Texts nicht nur beeinflusst, sondern vielleicht sogar initiiert hat.

In der folgenden Prosaskizze, die uns zu Beginn wiederum in den Hegelbau führt, wird explizit auf Hans Henny Jahnn, ein weiteres Vorbild Vespers, hingewiesen, indem dessen Hauptwerk, *Fluß ohne Ufer*, eine Romantrilogie von mehr als 2000 Seiten Länge, genannt wird. Der Jahnn-Bezug gleich am Anfang deutet schon voraus auf den Fortlauf des Textes, werden hier doch, wie oftmals auch in Jahnns Büchern, erotische Obsessionen beschrieben:

> „Warum geht eigentlich alles so und der etwas schwere Kopf sitzt schon seit einer Stunde am Rauchtisch und liest Fluß ohne Ufer und hat Zigaretten und Apfelsinen, Nüsse, Pinienkerne einen Augenblick entschuldige, darf ich vorstellen, das ist meine Freundin das ist ich hab dir schon erzählt heute Abend aber nachmittags erste auf den Wilhelmsturm einziges Kind im zweiten Semester die Treppe hinauf nein da ist der Weg zu lehmig durch die Wiesen lieber auf der Straße der Regen von gestern komm stütz mich ich mit meinen Stöckelschuhen, im Schotter der Baustelle die neue Straße […] ja schau da liegt Schnee zwischen den Wäldern das ist nur das Abendlicht auf den Abendwiesen dieses verdämmernden Tages wo ist eigentlich Süden da geht die Straße nach Stuttgart wie weit man sehen kann die Regenklarheit die Täler sinken immer tiefer einge-

preßt in eine Schotterlandschaft um uns herum ein Gedärm von Flußtälern komm laß das du bist ja wie ein wildes Füllen wer hätte das gedacht der kleine Seminarleser mit dem sanften Blick hinter der Brille und dem Ponyschnitt die Treppe hinauf, wilhelminische Zeit, Wilhelmsturm [...] Die Burg macht die Lichter an, wie eine Spinne auf dem Berg, meine Freundin hat vielleicht gekuckt heute morgen die werden sich dran gewöhnen, komm laß uns hier abkürzen ich muß in die Vorlesung [...] ich hole dich ab in meinem Bett die Naht reißt, warum hast Du das Licht ausgemacht, mach schnell, du mußt gleich wieder gehen jetzt mußt du aber wirklich gehen bis morgen um fünf ich habe keine Angst ich darf keinen Damenbesuch [...] wirf doch nur den Schlüssel runter hast du es hier gemütlich, mach doch die Heizung an, ich habe noch eine Kerze von Weihnachten paß doch auf man hört doch alles ich kann doch nichts dazu wenn ich schreie [...] ich habe nämlich vorne zu wenig deine heiße Haut am Hals und das kriegt ja kein Mensch auf hast du die Hose aber fest ins Hemd gesteckt und preßt die Arme liegst du nun richtig, die Kerze mit der hand ausschlagen mein Gott das ist ja alles nicht mehr wahr, deine Hand immer zwischen deinen Schenkeln, die Haare sind wie angeklebt vom Schwitzen schwarz wie Teppichfransen, Teerquaste, verdammt, schlaf gut, ich bring dich noch runter, muß noch aufschließen, ein Glück, daß gerade das Licht ausging bist du denn wahnsinnig hier unter der Tür und im Rauchzimmer des Seminars [...] und klemmt die Hand zwischen die Schenkel und beißt sich auf die Lippen meine Zeit hätte ich Dir nicht Feuer geben sollen natürlich gehe ich mit ins Kino übrigens zappele doch nicht immer so wenn du neben mir sitzt und deinen Kommentar kannst du dir auch schenken, ich gehe doch lieber allein ins Kino [...] komm laß mich doch du denkst wohl also: wieder nach Hause gehen mit nassen Füßen und da sitzen wo wir schon einmal saßen die Gesichter gleiten und gehen unter in uns wie in Wasser und brechen sich und verzerren sich immer mehr und werden blasser beim Schlagen der Autotüren beim Ticken des Weckers beim Dasitzen genau am Ende oder am Anfang welches gleichgültig ist und das selbe und die Gesichter gleiten vorbei die Massen die um zwölf aus der Aula quellen die Gesichter gegen das Licht die Augen blinzelnd in die Sonne und verschwommen ein Gesicht taucht auf blaß und tritt zurück wie hinter Gewölk von Zügen und Physiognomien wird schärfer und klarer versinkt wir sitzen da wo wir schon einmal saßen am Anfang oder Ende das ist das gleiche nur älter und das gesicht …"[75]

Der Text gibt verschiedene Lokalitäten Tübingens wieder. Zu Beginn werden, wie im ‚Systeme'-Text, die Rauchtische im Hegelbau erwähnt, dann wechselt die Szenerie: es geht hinauf zum Österberg (der „Wilhelmsturm", heute nur noch als Östergturm bekannt, wird mehrmals erwähnt), von wo der Blick – wohl in Richtung der Schwäbischen Alb – zum „Schnee zwischen den Wäldern" und zum „Abendlicht auf den Abendwiesen" schweift. Neben anderen topographischen Einzelheiten wird das dem Österberg gegenüber liegende Tübinger Schloss erwähnt: „Die Burg macht die Lichter an, wie eine Spinne auf dem Berg" – vom „Wilhelmsturm" aus liegt das Roigelhaus direkt vor bzw. unter dem Tübinger Schloss. Dorthin wechselt auch der Text mit einer nächtlichen Szene, die, da auf dem Verbindungshaus eigentlich kein „Damenbesuch" erlaubt ist, einem Spiel mit dem Feuer gleicht: „die Kerze mit der Hand ausschlagen" deutet die Gefährlichkeit dieses aufregenden Spiels an. Der Text endet mit dem Bild der Neuen Aula, dem Hauptgebäude der Universität, aus dessen Türen die Studentenmassen strömen, unter denen ein Gesicht (wohl das der Geliebten) auftaucht und sich wieder dem Blick entzieht.

Diese Prosaskizze ist wiederum in ähnlich assoziativem Stil geschrieben, wie er auch über weite Strecken der *Reise* vorherrscht. Orte und Zusammenhänge werden meist nur angedeutet, und die plötzlichen Szenen- und Perspektivwechsel erinnern an filmische Schnitttechniken (und vom Kino ist im Text ja auch tatsächlich die Rede).

Da man Vespers Prosa als autobiographisches Dokument lesen kann, taucht die Frage auf, um welche Geliebte es sich

Neue Aula der Universität Tübingen,
Aufnahme ca. 1960

hier handelt. Aus Notizen in der *Reise* geht hervor, dass Vesper während seiner Tübinger Zeit, ehe die Liebesbeziehung zu Gudrun Ensslin begann, mit einer Frau namens Dörte[76] zusammen war. In seinem Tagebuch von 1962 (das eigentlich nur ein kleinformatiger Taschenkalender ist, in den Vesper aber neben Terminen auch längere tagebuchartige Notizen eintrug) taucht der Name Dörte erstmals am 26. Januar 1962 auf. Dahinter steht der Filmtitel „Barfuß durch die Hölle",[77] d.h. die beiden gingen bei ihrem ersten von Vesper im Kalender festgehaltenen Treffen gemeinsam ins Kino. Recht bald scheint aus dem anfänglichen Kennenlernen eine Liebesbeziehung geworden zu sein, deren erste stürmische Phase wohl in diesem Text festgehalten ist.

Vesper nutzte vermutlich die Abwesenheit seines Zimmergenossen am Wochenende zu den Treffen mit Dörte, denn sonst wären im von ihm bewohnten Doppelzimmer des Roigelhauses die erotischen Körpererkundungen, die der Text beschreibt, nicht möglich gewesen. Dass Dörte Vesper im Roigelhaus besuchte, lag nahe, da sie selbst zu dieser Zeit in Unterjesingen, also einige Kilometer außerhalb Tübingens, wohnte. Vesper hatte im Roigelhaus, da er aus der Burschenschaft bereits seit November 1961 wieder ‚entlassen' war, ja auch nicht mehr viel zu verlieren; er wohnte sozusagen auf Abruf dort und konnte „Damenbesuche" also ohne Weiteres riskieren. Harald Weydt erinnert sich an Dörte als an eine großgewachsene, attraktive, aber auch androgyne Frau mit kurzem dunkelhaarigen Lockenkopf.

Diese Beschreibung passt auch auf das Mädchen, das im folgenden, surreal-traumhaften Text auftaucht, der wohl ebenfalls im Januar 1962 oder kurz davor niedergeschrieben wurde:

> „Vor der blauen Brücke stand ein Taxi und wartete auf einen Fahrgast, der nie erschien. [...] An der Bußhaltestelle [sic!] stand ein Mädchen mit gebogener Nase und schwarzem, gekräuseltem Haar. Sie wartete auf einen Bus, der nie kam. Ich fürchtete mich vor ihr. Hoffentlich hat die Nacht bald ein Ende, dachte ich. In der Buchhandlung lagen Bücher mit leeren Seiten aufgeschlagen. Wer kann diese schweren Texte denn entziffern, fragte ich mich. Da hörte ich hinter mir einen Bus die Neckarhalde entlangkommen. Der Platz am Steuer war leer, drei große Weihnachtssterne schliefen auf der letzten Bank. [...] Ich drehte mich um und sah sie [d.i. zwei Männer, M.K.] eine Treppe zur Bushaltestelle hinausgehn, wo die alte Frau stand, mit krummer Nase und wenigen, weißen Haaren und auf den Bus wartete. Wenn die Nacht bald zu Ende wäre, Mutter,

dachte ich. Mutter? dachte ich, Mutter? [...] Auf den Regalen im Milchgeschäft lagen verfaulte Küken, schwarz. Nach wenigen Minuten sah ich ein paar Menschen. Sie standen im Schatten einer Straßenecke und rauchten aus ihren langen Zigaretten, die sie auf die Schultern gelegt hatten. Sie bliesen den Rauch in die Luft. Nachdem sie zwei Jahre lang geraucht hatten, zündeten sie die Finger an und verrauchten sich langsam selbst. In meinem Hause hörte ich das Klicken von Tischtennisbällen, – es spielen zwei Fremde in meiner Halle – dachte ich. Als ich die Tür öffnete sah ich den Tod mitten im Raum stehn, er warf eine kleine Kugel von einer Knochenhand in die andre."[78]

In dieser fast alptraumhaften Skizze ist aus dem Spiel mit dem Feuer eine Szenerie des Verglühens und der Asche geworden. Eigentümlich ist die Stelle, an der plötzlich die Mutter auftaucht, da Vesper zu seiner Mutter ein sehr ambivalentes und bei weitem nicht so gutes Verhältnis wie zum Vater hatte. Daher kommt wohl die Frage des Ich-Erzählers „Mutter? dachte ich, Mutter?", die seine Verwunderung über das plötzliche Auftauchen der Mutter ausdrückt. Das Alptraumhafte wird noch verstärkt durch die Verwandlung des Mädchens „mit gebogener Nase und schwarzem, gekräuseltem Haar" in eine alte Frau „mit krummer Nase und wenigen, grauen Haaren". Man ist versucht, neben der ersten Assoziation ‚Hexe', auch an das antisemitische Klischee vom ‚krummnasigen Juden' zu denken, zumal die ganze Atmosphäre durch die (vielleicht als Lapsus aufs Papier geratene, aber dennoch bezeichnende) „*Buß*haltestelle", die verfaulten Küken, die sich selbst ‚verrauchenden' Menschen und den als Knochenmann erscheinenden Tod am Ende sehr düster ist.[79] Mit der Halle ‚seines' Hauses bezieht sich Vesper wohl auf die Eingangshalle des Roigelhauses, in der zu dieser Zeit eine Tischtennisplatte stand.

Einige der bislang zitierten literarischen Versuche Vespers sollten Eingang in ein gemeinsames Romanprojekt von Vesper und Voss finden, von dem in den Briefen dieses Winters seit Januar 1962 immer wieder die Rede ist. So schreibt Vesper am 11. Januar an Voss: „Ich habe gewaltige Lust, einen Roman mit Dir zu basteln, zu montieren. Die Unendlichkeit der Perspektiven (d.h. die unendliche Zahl der möglichen Perspektiven) die die moderne Welt bietet, läßt eine gemeinsame Arbeit zu, fordert sie heraus". Am 13. Januar heißt es: „behalte den Roman im Auge! Ins Auge mit dem Roman! Wie wäre es, wenn ich ein paar Seiten texte [sic!] zu der Sendung gäbe: Bruchstücke eines unveröffentlichten Romans von V + V!?" Wenige Tage später schreibt er in einem dringlichen Brief: „Lieber Henner, bitte, laß uns endlich mit dem Roman beginnen. Es braucht nicht, kann vielleicht nicht der Roman sein. Ich bitte Dich flehentlich! Ich brauche der andrängenden Mediokrität gegenüber einen Beweis. Ich will endlich den Faustschlag in die Fresse der Gesellschaft. Der ‚Betrieb' der Wissenschaft beißt um sich; die Kategorien drohen mich zu verschlingen, zu fesseln, zu beschränken. Ich gehe wie ein fremdes Tier durch die Gänge und möchte vor jede Tür spucken. Die Sicherheit des Urteils ekelt mich! Mich ekelt diese Bestimmtheit, dies Wissen, diese Anmaßung: alles ist so; dabei weiß ich längst: es ist nicht so, es scheint es schwebt, es gleitet, es fluktuiert, phosphoresziert, ist wahr und später gelogen usw. Bitte, laß uns schreiben. Laß uns eine Story schreiben, [...] was diese kleine Scheißer können, die Hanser rausbringt [...] können wir schon lange. Spann' eine Leine, wir hängen die Scenen auf zum Trocknen im Wind unseres Hohngelächters [...] Bitte, bitte! Wir müssen uns endlich klassifizieren, für den Vorlauf wenigstens. Man soll endlich mit uns rechnen."[80] Das klingt schon sehr nach „juveniler Hybris", wie Henner Voss diese Zeilen später kommentierte[81] –

Henner Voss Mitte der 60er-Jahre

und wäre tatsächlich nicht unbedingt erwähnenswert, hätte Vesper zu dieser Zeit nicht, wie gesehen, bereits sehr interessante literarische Versuche in der Schublade gehabt, von denen er seinem Freund Voss einige als Teile zum Vesper-Vossschen Roman zukommen ließ. Auf die Details dieses nie ganz klar gefassten gemeinsamen Romanprojekts hier genauer einzugehen, würde wenig Sinn machen, da Vesper und Voss die Idee bereits im April 1962 wieder fallen ließen; aber ein Brief wie der zuletzt zitierte zeigt, mit welcher Ungeduld Vesper unbedingt etwas produzieren und veröffentlichen wollte. Ein Detail scheint mir aber doch noch interessant zu sein: Vesper spielt in Verbindung mit dem Romanprojekt mehrmals auf Hugo von Hofmannsthal an. In einem Brief an Voss, in dem Vesper versucht, die Hauptfigur des geplanten Romans genauer zu fassen, notiert er: „der sensible Mensch, das Quallentier, nervlich offen (wie der frühe Hofmannsthal! Aus seinen Briefen, seinen Tagebüchern klauen! Laxheit in Fragen geistigen Eigentums!!) in Parks, in der ganzen für die sieche Stimmung des XIX. Jh. ungeheuren Verfeinerung, morbid (wie Proust), physisch krank, anfällig".[82] In einem anderen Brief wird Vesper präziser: „Ob wir nicht die Figur in zwei spalten, also F 1 und F 2, die eine Existenz im Baal-Milieu, die andre, von gleicher, zwar variierter physischer Konsistenz, im Milieu versinkender Klassen? Die Gestalt wandelt sich, sehnt sich aus dem einen Bereich in den andern, hat – vielleicht unwissend, an beiden Anteil in temporärer Abfolge, auch fluktuierend. Wie in Andreas, aber ohne die Möglichkeit einer Vereinigung, of course."[83] Mit „Andreas" meint Vesper Hugo von Hofmannsthals unvollendet gebliebenen gleichnamigen Roman, den er kurz zuvor erst gelesen hatte. In einem Brief hatte er den Eltern, mit einem ihren Leseerfahrungen angepassten Vergleichsraster, seine Begeisterung für Hofmannsthals Romanfragment mitgeteilt: „Ein ewiger Jammer ist, daß der Andreas-Roman nicht vollendet, das ist eine Prosa, wie sie seit Stifter in Deutschland nicht mehr geschrieben" worden sei.[84]

Nach allem bisher Gesagten über die Widersprüche Bernward Vespers erscheint Hofmannsthals Text wie geschaffen für eine identifizierende Lesart durch den sich in ersten Liebesverwirrungen Befindenden. Im *Andreas* erlebt der gleichnamige Protagonist auf einer Reise von Kärnten nach Venedig eine

Reihe von verunsichernden Begegnungen mit Frauen, die in Venedig mit den gegensätzlichen Frauen Maria und Mariquita ihren Kulminationspunkt erreichen, wobei immer klarer wird, dass diese beiden geheimnisvollen Frauen zugleich auch als zwei Wesenszüge ein und derselben Frau verstanden werden können. Diese Konstellation erinnert sehr an die von Vesper für das Romanprojekt skizzierte Aufspaltung des Protagonisten in die zwei Figuren F 1 und F 2 (Hofmannsthal verwendete in seinen Notizen zum *Andreas*-Fragment für die beiden Frauen ganz ähnliche Kürzel: M I und M II). Aber nicht nur diese beiden Frauen werden zugleich als *eine* Frau beschrieben, sondern auch Andreas selbst erscheint als solch ein Doppelwesen; er wird an einer Stelle „als der Gleiche und als ein Anderer" beschrieben, an anderer Stelle ist von „Andreas' zwei Hälften, die auseinanderklaffen" die Rede. Hofmannsthal hatte für seine kühne Idee der Figurenaufspaltung ein psychiatrisches Werk über *The Dissociation of a Personality* von 1906 als Grundlage gedient. Dass auch Vesper sich für diese Problematik der Persönlichkeitsspaltung bzw. der multiplen Persönlichkeit interessierte, liegt nahe, wenn man sich sein gegensätzliches Agieren gegenüber unterschiedlichen Gesprächspartnern ansieht. Ich möchte ihn mit diesem Hinweis keineswegs zu einem psychiatrischen Krankheitsfall abstempeln – ganz im Gegenteil kommt mir Vespers oftmals widersprüchliches Verhalten nicht nur durch die Umstände erzwungen, sondern zuweilen ganz bewusst, fast schon spielerisch inszeniert vor. Als gälte es, sich auch selbst als literarisch stilisierte Figur auf der Bühne des Lebens zu geben. Das wäre jedenfalls *auch* eine mögliche Erklärung für die amöbenhafte Anpassungs- und Verstellungsfähigkeit Vespers in den unterschiedlichen Milieus, mit denen er zu tun hatte.

Eine Manifestation des ‚multiplen Vesper', die bislang noch nicht angesprochen wurde (und die in den ebenfalls im *Andreas* erwähnten Maskenspielen ihre Entsprechung hätte), ist seine Verwendung gleich mehrerer Pseudonyme. Neben seinem richtigen Namen verwendete er bei seinen zahlreichen Korrespondenzen auch die Namen Mischa S. Mirjamson, Bernward Michaelsen, Malte C. Steiner, Nikolas Michaels und B. W. Michaelsen. Vesper wollte durch die Verwendung von Pseudonymen wohl primär vermeiden, dass er sofort mit seinem Vater in Verbindung gebracht wurde. So schreibt er in einem Brief an den damaligen Herausgeber der Zeitschrift *Akzente*, Hans Bender, dem er Texte geschickt hatte: „Ich schrieb zuerst unter einem sonst angewandten Namen, um Sie, falls das Gespräch zufällig darauf käme, nicht durch meinen richtigen, der andren durch Korrespondenz geläufig ist, zu beeinflussen; ich wollte gern Ihre reine Kritik.“[85] Dazu hätte aber auch *ein* Pseudonym genügt. Dass Vesper gleich *fünf* solcher ‚Decknamen‘ verwendete, legt die Vermutung nahe, dass ihm diese Form der Maskerade schlicht Freude bereitet haben muss.[86]

Wie sehr Vesper sich über den *Andreas*-Roman hinaus für Hugo von Hofmannsthal interessierte, zeigen auch seine Pläne, eine Biographie über den österreichischen Fin de siècle-Autor zu schreiben. Am 23. Februar 1962 schreibt er an seine Eltern, er wolle eine Rowohlt-Monographie über Hofmannsthal schreiben, denn „Günther [d.i. Joachim Günther, der Herausgeber der *Neuen Deutschen Hefte*, M.K.] schlug mir vor, sich bei Kusenberg [dem Herausgeber der Rowohlt-Monographien-Reihe, M.K.] für eine Hofmannsthal-Biographie zu verwenden.“[87] Nur ein Vierteljahr später heißt es in einem Brief an die Mutter, das Hofmannsthal-Buch solle, „weil es zu dick würde für ein Taschenbuch“, im Piper Verlag erscheinen.[88] Auch aus diesem Projekt wurde schließlich nichts.

Welche Fragen im Hause Vesper bezüglich Hofmannsthal ebenfalls eine Rolle spielten, zeigt der folgende Briefausschnitt, der auf fast schon monströse Art vorführt, wie weit Vesper die Denk- und Argumentationsstrukturen seiner braunen Herkunft verinnerlicht hatte und sich zugleich dagegen aufzulehnen versuchte (auch wenn dies bezeichnenderweise nur in Klammern geschieht): „Im Augenblick Hofmannsthal. Übrigens zu der Behauptung, er sei Jude (was natürlich auch nichts sagte): Seine Mutter ist eine Bauerstochter aus Niederösterreich, sein Vater hatte eine Italienerin aus Mailand zur Mutter und den Edlen von H. zum Vater, der aus einer Mischehe hervorgegangen. H. hatte also ein Achtel jüdisches, ein Viertel italienisches und fünf Achtel Deutsches Blut, naja, das sind so Ahnenforschungen am Rande der Weltliteratur."[89] Hier geht die deutschnationale Haltung bis in die Groß- und Kleinschreibung der Adjektive hinein. Als Anlage des gleichen Briefs übersandte er den Eltern ein Interview mit Uwe Johnson aus der Zeitschrift *Konkret.* Wiederum gilt: gegensätzlicher, widersprüchlicher könnten die Signale innerhalb einer Briefsendung kaum sein.

Während Bernward Vesper geistig auf den Spuren Hugo von Hofmannsthals unterwegs war, bahnte sich in seinem ‚wirklichen' Leben eine Begegnung mit einer Freundin Dörtes an, die ihn vielleicht an das ähnliche, aber doch ungleiche und paradoxerweise zugleich identische Frauenpaar Maria und Mariquita aus dem *Andreas* erinnert haben mochte.

II.

In Vespers Taschenkalender taucht nur wenige Tage nach den Einträgen, die Dörte betreffen, auch der Name „Gudrun" auf. Harald Weydt und Elisabeth Albertsen berichten übereinstimmend, dass Gudrun Ensslin und Dörte oft zusammen waren, dass sie der Umgebung wie unzertrennliche Freundinnen erschienen. Harald Weydt äußerte im Gespräch mit mir die Vermutung, dass Bernward Vesper sich vielleicht zunächst an Dörte ‚herangemacht' habe, um so auch in Kontakt mit der (demzufolge wohl schwerer zu erobernden) Gudrun Ensslin kommen zu können. Anhand von Vespers Taschenkalender lässt sich erahnen, wie turbulent die folgenden Tage abliefen: Am 23. Februar 1962 trägt Vesper in seinen Kalender „Gudrun + Dörte"[90] ein, vermutlich ist das auch gleich die „gemeinsame nacht mit d + g" (663), von der in den Notizen zur *Reise* die Rede ist. Am darauffolgenden Tag, einem Samstag, geht Dörte für einige Tage „zum Skilaufen ins Allgäu". Am Abend desselben Tags ruft Bernward Vesper Gudrun Ensslin an. Im Taschenkalender heißt es dazu: „Am Telefon Gudrun: ‚Ich habe die ganze Zeit gedacht, daß Du anrufen würdest' dieses sanfte Wort, so viel differenzierter, deutlicher als alle Erklärungen, Klartexte [...] ‚Ich bin ganz glücklich, warum brauche ich Dir wohl nicht zu sagen.' ‚Freu Dich auf Montag'". An jenem Montag, dem 26. Februar, trafen die beiden sich nachmittags zu einem Ausstellungsbesuch. Mit sehr unruhiger, fast nicht mehr entzifferbarer Handschrift schrieb Vesper, noch am gleichen Tag, nach dem Treffen mit Gudrun Ensslin den folgenden verzweifelten Eintrag in seinen Taschenkalender, der die Achterbahn der Gefühle, die er in jenen Tagen durchlebte, deutlich macht: „ca. 16 Uhr finish, Ende, fini – das letzte Mal zwischen uns – aber hoch erfüllte große Gefühle! Schwebe [ein Wort unleserlich] im Bett Auch 6 – ich mache das nicht mehr länger mit, ertrage, dulde es nicht – sie liebt mich nicht, gewiss nicht! Kugel, Auto, Gift?" Nach diesen Selbstmordgedanken heißt es nur zwei Tage später: „alles gut". Auch von einem Brief an Dörte ist die Rede. Wiederum zwei Tage später stehen „Gudrun, Dörte" wieder nebeneinander im Kalender. Man darf also vermuten, dass Vesper mit beiden weiterhin eine Dreiecksbeziehung unterhielt, wobei Gudrun Ensslin in dieser Konstellation wohl die dominierende Frauenrolle eingenommen hatte.

Wer war Gudrun Ensslin? Sie hatte ihr Studium der Germanistik und Anglistik in Tübingen bereits im Sommersemester 1960 begonnen, also ein Jahr vor Vesper – und gleichzeitig mit Dörte, die ebenfalls Germanistik studierte.[91] Gudrun Ensslin lebte während der ersten vier Semester des Studiums bei ihrer Tante Gertrud Hummel im Waldenbucher Schloss. Waldenbuch liegt ungefähr 20 Kilometer nördlich von Tübingen, d.h. Gudrun Ensslin musste täglich mit dem Postbus nach Tübingen fahren. Die kleine Wohnung ihrer Tante – eigentlich nur ein großes, durch eine provisorisch eingezogene Stellwand geteiltes Zimmer mit einer separaten, auf der gegenüberliegenden Flurseite befindlichen Küche – war die Dienstwohnung Gertrud Hummels als der Volksschullehrerin des kleinen Orts. Die Schulklassen wurden im gleichen Flügel des Schlosses unterrichtet, jedoch ein Stockwerk höher. Gertrud Hummel war

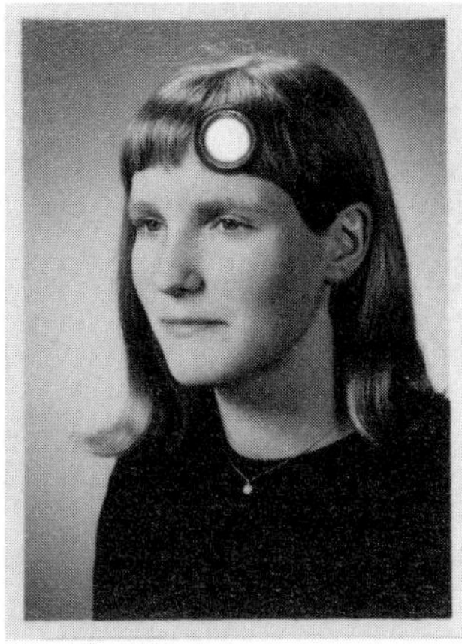

Bernward Vesper und Gudrun Ensslin ca. 1961 bzw. 1960;
Passbilder aus den Tübinger Studentenakten

geliebt und gefürchtet als eine strenge, aber gerechte Lehrerin. Sie war unverheiratet, und da sie als ‚alte Jungfer' lebte, vermuteten manche am Ort, sie mochte vielleicht eher an Frauen als an Männern interessiert gewesen sein. Neben weiteren Amtswohnungen und Gemeindebüros waren im obersten Stockwerk und direkt unter dem Dach des Waldenbucher Schlosses zu jener Zeit auch immer noch Kriegsflüchtlinge untergebracht, für die noch keine anderen Wohnungen gebaut worden waren.

Gudrun Ensslin, die mit der Absicht, Deutsch- und Englischlehrerin zu werden, ihr Studium in Tübingen aufgenommen hatte, absolvierte in ihrer ersten Tübinger Zeit ein solides Studienpensum bei namhaften Professoren. Zwar besuchte sie erst ab dem zweiten Semester das Donnerstagskolloquium von Walter Jens, aber bereits in ihrem ersten Semester belegte sie

Lehrveranstaltungen bei Tübinger Koryphäen wie dem Philosophen Walter Schulz oder dem Germanisten und Hölderlin-Herausgeber Friedrich Beißner, der eine Einführungsvorlesung in das Studium der Neueren Philologie hielt. Bei ihm hörte sie im zweiten Semester auch eine Hölderlin-Vorlesung mit „Rezitationen und Auslegungen“. Neben ihrem offenkundigen Interesse für Philosophie (unter anderem besuchte sie eine „Einführung in die Existentialphilosophie“) könnte man als kleines Kuriosum im Hinblick auf ihren späteren Lebensweg auf den Besuch einer Vorlesung zur Kriminalpsychologie im Wintersemester 1961/62 hinweisen.[92] Das Interesse an dieser Vorlesung mag aber durchaus literarischer Natur gewesen sein, befassten sich doch auch einige populäre existentialistische Romane und Theaterstücke der Zeit mit Kriminalfällen.

Gudrun Ensslin scheint ihre spätere Freundin Dörte bald nach dem Studienbeginn kennen gelernt zu haben, denn bereits im Sommer 1960 (vielleicht aber auch erst ein Jahr später) gewährte die Tante den Freundinnen ein ‚Stipendium‘ in Form einer Reise nach England, wobei die einzige Bedingung war, dass die beiden ihr regelmäßige Berichte in englischer Sprache nach Waldenbuch schicken mussten. Die familiäre Anbindung Dörtes ging so weit, dass sie sogar ein Weihnachtsfest (vermutlich 1961) in Cannstatt bei den Ensslins verbrachte. Gudrun Ensslin und Dörte waren während dieser Zeit ihrer Freundschaft so eng miteinander verbunden, dass Ensslins Mutter, obwohl ihr Bernward Vesper als eine „zwielichtige Gestalt“ erschien, erleichtert war, als sie im Frühjahr 1962 erfuhr, dass ihre Tochter sich nun an einen jungen Mann gebunden hatte. Dass das aber, zumindest für die erste Zeit, noch immer keine endgültige Trennung von Dörte bedeutete, geht aus dem bisher über die Dreiecksbeziehung Gesagten hervor. Auch Gudrun Ensslin wird von den damaligen Freunden und Bekannten, wie Dörte, als androgyn oder knabenhaft beschrieben, was man sich angesichts des mädchenhaften Passfotos der Tübinger Studentenakte nur schwer vorstellen kann; aber Ende 1961 ließ sie sich von einem Friseur die schulterlangen Haare zu einem jener kurzen Herrenschnitte stutzen, die damals auch für Frauen in Mode gekommen waren.

Ähnlich wie man Gudrun Ensslin und Dörte mit einem Zug zum Knabenhaften, also zum anderen Geschlecht beschreiben kann, wird auch über Bernward Vesper von einigen seiner Freunde berichtet, dass er ihnen zuweilen ‚tuntig', affektiert und ‚weibisch' vorkam. Beispielsweise waren seine Fingernägel stets akkurat gefeilt. In der *Reise* berichtet Vesper selbst explizit über eine homoerotische Freundschaft mit Wolfgang Ruttkowski während seiner Schulzeit, die ihm aber, nachdem der Vater einen Liebesbrief Ruttkowskis an seinen Sohn geöffnet hatte, verboten wurde. „Das ist ein armer, abartig veranlagter Junge. Ich wünsche, daß Du den Kontakt zu ihm abbrichst" (531), war die Reaktion Will Vespers. Laut Bernward Vesper waren Ruttkowskis Briefe mit „violetter Schrift auf gelbem Briefpapier" (529) geschrieben.

Umso erstaunlicher, dass Vesper in einer eigenartigen, vermutlich unbewussten Mimikry seine ersten Briefe an Christoph Meckel in ähnlicher Weise gestaltete, denn diese Briefe waren in Bezug auf Homoerotik komplett unverfänglich – die beiden kannten sich nur brieflich und hatten eine rein geschäftsmäßige Korrespondenz über gemeinsame Publikationspläne miteinander. „Dieser erste Brief, wie auch einige spätere [...] waren eigentümlich und befremdend durch ihre Handschrift. Diese Briefe waren zuerst mit roter Tinte geschrieben, danach auf den roten Schriftzügen mit blauer Tinte nachgeschrieben, so dass sich ein schillerndes violett oder vielmehr rosa ergab.“[93] Vesper ‚beichtet‘ seine frühe homoerotische Neigung in der *Reise* zwar, versucht sie aber durch einen arroganten Ausfall gegen Ruttkowski nachträglich herabzusetzen: „Vor einiger Zeit las ich im SPIEGEL, daß Wolfgang Ruttkowski, der inzwischen über das Chanson promoviert hat, als Gastdozent Vorlesungen über Literatur an einer kalifornischen Universität hält, und ich bin sicher, daß er sich von Hesse [den die beiden gemeinsam gelesen hatten, M.K.] nicht weit entfernt haben wird.“ (531) Immerhin kommt noch der Nachsatz: „Aber damals hat er mir einen entscheidenden Kick versetzt“ – der nach dem vernichtenden Angriff zuvor aber auch nicht mehr viel zu retten vermag.

Die Erwähnung homosexueller oder bisexueller Neigungen einiger Protagonisten gehörte vielleicht nicht unbedingt in einen biographischen Essay wie den vorliegenden, sagte sie nicht auch einiges über die frühen 60er-Jahre aus, die man sich heute im Allgemeinen immer als prüde und, durch den Kuppeleiparagraphen bedingt,[94] als eine in Sachen Sexualität sehr verklemmte Zeit vorstellt. Erst das ‚magische‘ Jahr 1968 habe dann alles verändert und die freie Sexualität mit sich gebracht, nachdem die Zeit der späten 50er- und der frühen 60er-Jahre als öde Wüste der Triebunterdrückung hinter den sexuell gehemmten Menschen gelegen habe. Vespers Kommentare wie „fuck around the clock“ (676) zur Tübinger Zeit oder die Selbstbezichtigung, ein „notorischer bigamist“ (663) gewesen zu sein, zeigen, dass das eine zu einfache Sicht der Dinge ist.

Außerdem ist mit dem Namen Hans Henny Jahnn, dessen Hauptwerk *Fluß ohne Ufer* in einem der zitierten frühen Vesper-Texte erwähnt wurde, ein weiterer Hinweis gegeben, dass die komplexen sexuellen Verstrickungen mit Dörte und Gudrun zu Beginn des Jahres 1962 nicht ganz zufällig waren, sondern vielleicht einer gemeinsamen, vermutlich von Vesper angeregten

Faszination für das Werk Jahnns geschuldet sind, in dem immer wieder von den Abgründen einer obsessiven Sexualität die Rede ist. Bereits an anderen Beispielen hatten wir gesehen, dass Vesper sein Leben an literarischen Modellvorgaben auszurichten bzw. es anhand literarischer Vorbilder zu stilisieren versuchte.

Hans Henny Jahnn, selbst homo- bzw. bisexuell, hatte bereits in den 20er-Jahren Vorstellungen offener Partnerschaft ausgelebt,[95] wie sie dann ähnlich wieder in den Kommunen der späten 60er- und frühen 70er-Jahre auftauchten. Auch Jahnns Faszination für das Androgyne, ‚Zwischengeschlechtliche' mag Vesper und in der Folge auch Dörte und Gudrun Ensslin fasziniert haben. Vesper, der Jahnns Texte bereits 1959 kennengelernt hatte (vielleicht sogar durch Ruttkowski, dem er in der *Reise* jedoch lediglich Hesse zugesteht),[96] durchlebte Anfang 1962, als er Dörte und Gudrun Ensslin kennenlernte, wieder eine ‚Jahnn-Phase', wie man aus Eintragungen im „Taschenkalender 1962" schließen kann. Zu Beginn des Jahres trägt er „Jahnn – Musikwissenschaft" ein – wohl ein Vortrag, den er besuchen wollte.[97] Im hinteren Teil des Taschenkalenders notiert er sich die bibliographischen Daten zum soeben erschienenen vierten Teil von *Fluß ohne Ufer*, dem „Epilog", sowie zu einer im Luchterhand Verlag erschienenen Ausgabe des Jahnnschen Romans *Die Nacht aus Blei*. Wie stark und wie dauerhaft Bernward Vesper Gudrun Ensslin für Jahnn begeistert hat, zeigt sich darin, dass sie schließlich beabsichtigte, ihre Dissertation an der FU Berlin über „Mythos und Utopie in ‚Fluß ohne Ufer'" zu schreiben.[98]

Im Marbacher Nachlass Vespers befindet sich auch ein Hörspieltyposkript mit dem Titel *Nonja*,[99] was wie eine direkte Ableitung von Jahnns erstem Roman *Perrudja* klingt. *Nonja* ist aber auch wieder eine typisch Vespersche Wortschöpfung, könnten die Widersprüche, die ihn während der Tübinger Zeit beschäftigen, doch kaum konziser als in diesem Wortkonstrukt ausgedrückt sein, das man mit ‚Neinja' übersetzen könnte. Wie Vespers Lyriksammlungen mit den Titeln „die weissen und die schwarzen gedichte" und „widersprüchliche aussagen" deutet *Nonja* einen Gegensatz, in diesem Fall vielleicht sogar die Aufhebung eines Gegensatzes in einem Wort an. Der Aufriss des Hörspiels gibt eine kurze Zusammenfassung: „Nonja ist ein Denkspiel. Ein Spiel von der Identität. Auf zwei Ebenen entfaltet sich das Geschehen: im privaten und im öffentlichen Bereich. Alles Feststehende wird zweideutig, alles Fixierte gleitet und verändert sich. Ein Mann wird in einem totalitären Staat verhaftet. Das Unerwartete geschieht, er, der alte Revolutionär, wird im Zentrum der Staatsmacht wohlwollend empfangen. Er ist ein Museumsstück, längst ungefährlich, der Vernehmer unterhält sich voller Respekt mit dem Repräsentanten einer alten Zeit, in der schwarz noch schwarz, weiß noch weiß war." Und dann beginnt ein Wechsel der Identitäten, der an Hofmannsthals *Andreas* und an das gemeinsame Romanprojekt mit Henner Voss erinnert: „Aber auch der Vernehmer irrt: der Mann, der vor ihm sitzt, ist nicht er selbst. Er hat die Gestalt eines alten Rivalen angenommen, eines Gegenspielers, der als echter Kämpfer für soziale Gerechtigkeit umkam." Ins Spiel kommt auch noch eine Frau; die Liebe zu ihr soll dem Aufriss zufolge im Zentrum des Hörspiels stehen. „Als alte Frau begegnet sie ihrem Liebhaber wieder: sie erkennt ihn nicht. Auch sie, die einzig Wissende, akzeptiert seine Verwandlung, die Vertauschung seiner Identität mit dem ‚andern'". Ein ähnliches „Spiel von der Identität" spielt auch Vesper ständig mit den verschiedenen Menschen, mit denen er in Kontakt tritt. Er konnte vom sich verfolgt fühlenden Linken (wie ihn Harald Weydt beschrieben hat) bis zum im Brustton der rechtsnationalen Überzeugung Briefe Versendenden eigentlich jede Rolle übernehmen, die ihm in diesem ‚Spiel des Lebens' jeweils angemessen oder opportun erschien.

Aber zurück in die stürmische Zeit Ende Februar/Anfang März 1962. Gudrun Ensslin war in den Semesterferien als „Werkstudentin" in der Druckerei-Abteilung von Daimler Benz beschäftigt, während Bernward Vesper Anfang März, also noch mit all den erotischen Wirrungen der vorangegangenen Tage im Kopf, durch ein Telegramm vom Schlaganfall seines Vaters erfuhr, der diesen zwar nicht sofort getötet, aber sehr geschwächt und bettlägrig gemacht hatte. Vesper nahm den nächstmöglichen Flug nach Norddeutschland und begleitete in Triangel den Todeskampf seines Vaters acht Tage lang bis zu dessen Tod in den frühen Morgenstunden des 11. März. In der *Reise* schreibt Vesper: „Als er starb, flüsterte ich ihm noch den Namen ‚Gudrun' ins Ohr, die ich gerade kennengelernt hatte. Sterbeszene. Ich saß acht Tage an seinem Bett und heulte. Dann die Sache mit dem O. [= Opium, M.K.] Der Arzt hatte es dagelassen, um Linderung zu geben. Ich tat es ihm in den starren Mund, um die Sache zu beschleunigen, aber er spuckte es aus, weil es bitter und ätzend war. Die Lippen waren aufgesprungen. Er war gelähmt und atmete acht Tage, vertrocknete also ohne Wasserzufuhr, und als er gestorben war, rannte ich hinaus in den Schnee, und meine Halbschwester wollte ‚jemanden mitschicken'. Es war im März und die ersten grünbraunen Rasenflecke kamen im Wald durch den Schneeschorf. [...] Es war mir allerdings von früh an klar, daß es bald so kommen mußte, er war achtzig, ich 23, aber ich war überhaupt nicht vorbereitet ‚allein zu stehn'. Wenn damals Gudrun nicht gekommen wäre und überhaupt die Illusion der Liebe, oder die romantische, illusionäre Form der Liebe, die glaubt, die verlorene Identität wieder herstellen zu können". (39)

Die Szene, in der Bernward seinem Vater Gudrun Ensslins Vornamen ins Ohr flüstert, ist höchst ambivalent, wenn man bedenkt, dass Will Vesper neben weiteren Nacherzählungen germanischer Heldenepen 1922 auch *Die Gudrun-Sage* veröffentlicht hatte, die in dieser Fassung wohl zu Bernwards Kindheitslektüren gehört haben dürfte. Selbst mit dem Namen seiner Geliebten versucht er dem Vater noch eine letzte Freude zu bereiten.

Dass die „romantische, illusionäre Form der Liebe" jedoch nicht ganz so ausschließlich auf Gudrun Ensslin bezogen war, wie von Vesper in der zitierten Passage zum Tod des Vaters suggeriert wird, geht aus dem bisher Gesagten über die Dreiecksbeziehung mit ihr und Dörte hervor. Dies findet seine Bestätigung im folgenden Ausschnitt einer assoziativen Begriffsreihe aus den Materialien zur Fortsetzung der *Reise*, in dem der Name beider Frauen auftaucht: „im roigelhaus: telegramm, vater schlaganfall. flugplatz, fliegen, schneelandschaft, zu fuß im schnee nach triangel. bewusstlos. ‚gudrun'. opium. decke. wachen. dörte. tod." (663) Wieder taucht das Opium auf, das der Sohn dem Vater, „um die Sache zu beschleunigen", in den Mund gab – was fast schon wie eine Vatermordszene anmutet. Unterschwellig spielen auch immer wieder Schuldgefühle eine Rolle, wenn Vesper auf den Tod seines Vaters zu sprechen kommt, was vielleicht nicht weiter überraschend ist, fällt dieser doch zeitlich beinah exakt mit dem ersten intensiven Ausleben seiner eigenen Sexualität zusammen.[100] So heißt es in einem kurzen Lebenslauf Vespers über das wichtige 23. Lebensjahr von August 1961 bis August 1962: „23: Das Jahr des Todes und des Beischlafs." (232)

Ganz anders als der Vater, zu dem in den Sterbeberichten

Vespers eine große Zuneigung und Liebe durchklingt (er schrieb beispielsweise an Hans Brandenburg einen ausführlichen Brief über die letzten Tage des Vaters), wird die Mutter geschildert, deren erste Frage nach dem Tod Will Vespers lautete: „wer kann jetzt an das konto dran?" (663) In einer anderen Version heißt es noch vorwurfsvoller: „als er starb: jetzt kann ich nicht ans konto dran vorher: ‚er hat so gar nichts'".[101] (667) Mit dem Tod ihres Mannes entfiel für Rose Vesper auch die Mühe und der Zwang, die bildungsbürgerliche Fassade der Literatengattin weiterhin aufrecht erhalten zu müssen: „alle kulturellen ansprüche fielen von ihr ab. sie las jetzt am liebsten biographien und bücher über monarchen etc., ihr eigentliches bedürfnis, das sie zu lebzeiten meines vaters nie zu zeigen gewagt hatte, als sie sich als vertreterin des geistigen deutschlands verstand und alle ungebildeten verachtete." (666) Entsprechend handeln die Korrespondenzen mit der Mutter im Folgenden überwiegend von geschäftlichen Dingen, wie etwa dem Vertrieb bzw. Neudruck der Werke des Vaters oder von Erbstreitigkeiten, beispielsweise um den eventuell anstehenden Verkauf des verschuldeten Triangeler Gutshauses. Die emotionale Nähe, die man aus den Briefen der ersten Studienzeit an beide Elternteile oder an den Vater herauslesen konnte, ist nach dem Tod des Vaters wie von einem Tag auf den nächsten in der Korrespondenz mit der Mutter sehr zurückgenommen und hat einem eher kühlen, geschäftsmäßigen Ton Platz gemacht.[102]

Henner Voss erinnert sich, wie Vesper ihm erzählte, dass er von seinem Vater auf dem Sterbebett das ‚Gelöbnis' abgenommen bekam, er möge die Verantwortung für dessen Werke übernehmen – also auch für deren Neudruck und Vertrieb sorgen.[103] Zu Beginn der 60er-Jahre waren zwar noch etliche Werke des Vaters bei verschiedenen Verlagen lieferbar, aber der Sohn fasste nun den Plan (vielleicht als direkte Folge des obigen ‚Gelöbnisses'), die Werke Will Vespers in einer Gesamtausgabe wieder zugänglich zu machen. Dass dabei neben der Pietät gegenüber dem Verstorbenen durchaus auch wirtschaftliche Gesichtspunkte eine Rolle gespielt haben, darf angenommen werden. Dies geht auch aus den Briefen an die Mutter hervor, die vor der schweren Entscheidung stand, aus dem überschuldeten Triangeler Gutshaus in ein kleineres Nebenhaus zu ziehen, um so das Haupthaus vermieten oder sogar verkaufen zu können. Will Vespers Werke sowie die von ihm herausgegebenen Anthologien hatten sich in der ersten Jahrhunderthälfte zum Teil als Bestseller hunderttausendfach verkauft; die Aussicht, frühere Verkaufserfolge möglicherweise fortzusetzen, war also sehr verlockend.

Dass die Realität dann anders aussah, d.h. dass lediglich ein Band der Gesamtausgabe erschien, der sich zudem sehr schlecht verkaufte, hätte damals bei realistischer Einschätzung der Lage bereits vorausgesehen werden können. Aber keiner der Beteiligten wollte sich eingestehen, dass der einstmals vielgelesene Autor für das Gegenwartspublikum (und zwar nicht nur wegen seiner zynischen Nazi-Phase, sondern auch wegen seiner hoffnungslosen Epigonalität) keine Rolle mehr spielen würde, dass er gewissermaßen einer vergangenen Zeit angehörte. In den Materialien zur *Reise* gibt Vesper einige Gründe an, weshalb er die Werke des Vaters neu herausgeben und vertreiben wollte: „rettung der ‚kulturellen leistung' […] durch publikationen etc." (666), oder, direkter und drastischer, unter dem Stichwort „gudrun/dörte": „1. ficken, sauberkeitstick, angst → zentral in beschreibung der tod war etwas endgültiges. die erwartungen, die ich unbewußt in den vater gesetzt hatte, würden sich nie mehr erfüllen. er war als versager gestorben (herausgabe der bücher – vielleicht ließ sich so sein image aufpolieren?)" (667)

Das erste Buch mit Texten Will Vespers, das nach seinem Tod

herauskam, war eine bereits im Sommer 1962 als Triangeler Privatdruck erschienene kleine Anthologie mit dem Titel *Letzte Ernte. Erzählungen und Gedichte aus dem Nachlass.* Es ist zu Recht darauf hingewiesen worden, der Band erinnere mit seinem schwarzen Plastikumschlag und dem in Goldlettern aufgedruckten Titel an ein Gebet- oder Gesangbuch[104] – wobei man aber mitbedenken sollte, dass solche Plastikeinbände in jenen Jahren recht populär waren. Auch der vorangegangene Band Will Vespers, der 1960 im Lippoldsberger Klosterhaus-Verlag erschienen war und den Titel *Kleiner Kranz des Lebens. Auswahl meiner Gedichte aus den letzten fünfzig Jahren* trug, war in solch einem (in diesem Fall weinroten) Plastikumschlag mit goldenen Lettern erschienen. Aus dem in Bibliophilenmanier geschriebenen Impressum der *Letzten Ernte* geht hervor: „Neun vom Dichter am 5. März 1962 ausgewählte und überarbeitete Erzählungen [...] und 19 Gedichte wurden aus dem Manuskript gesetzt." Das bedeutet, Will Vesper hat die Sammlung nur wenige Tage vor seinem Tod als eine Art Vermächtnis, man darf vermuten unter Assistenz seines Sohnes, zusammengestellt. Als Frontispiz des Bandes dient eine Fotografie der Totenmaske Will Vespers. Auch wenn keine betont ‚völkischen', sondern eher zum Teil unerträglich larmoyante und auch verkitscht religiöse Gedichte und Erzählungen in die Sammlung aufgenommen wurden, findet man aber doch Widmungsgedichte an die vier „Weggenossen" Wilhelm Schäfer, Erwin Guido Kolbenheyer, Hermann Burte und Agnes Miegel, allesamt NS-Autoren bzw. während der Zeit des Nationalsozialismus geförderte Autoren.[105] Der Titel *Letzte Ernte* betont das ‚Schollenhafte' der Texte und verweist zugleich auf *Die Ernte*, eine umfangreiche, von Will Vesper in wechselnder Zusammenstellung herausgegebene Lyrikanthologie mit Gedichten aus acht Jahrhunderten, die seit 1906 in wiederholten Abdrucken die schwindelerregende

Auflagenhöhe von 460 Tausend Exemplaren erreicht hatte.[106] Zu dieser vielgelesenen Anthologie hatte Will Vesper 1940 eine zeitgemäße Ergänzung, *Die Ernte der Gegenwart. Deutsche Lyrik von heute* herausgegeben, die aus verständlichen Gründen nach dem Krieg keine Neuauflagen mehr erlebte. In dieser Sammlung waren sämtliche ‚wichtigeren' NS-Barden vertreten (neben ihnen übrigens auch sein alter Freund Hans Brandenburg) und Will Vesper schätzte sein eigenes lyrisches Talent offensichtlich nicht gerade niedrig ein, bringt er in ihr doch lediglich von Josef Weinheber noch mehr Gedichte als von sich selbst.

Ob Gudrun Ensslin an der Herstellung der *Letzten Ernte* bereits beteiligt war, ist nicht sicher zu beantworten, aber eher unwahrscheinlich, da der Band bereits im Sommer (vermutlich im August) erschien. Außerdem erwähnt Vesper seine neue Freundin der Mutter gegenüber erstmals gegen Ende des Sommersemesters, also erst mehrere Monate nachdem sie sich kennengelernt hatten – was wiederum einiges über das Verhältnis Vespers zu seiner Mutter aussagt. Kurioserweise hatte die Mutter aber recht bald von Dörte gewusst.[107]

Vesper war es gegen Ende des Wintersemesters, wohl auch wegen seiner Liebesbeziehung mit Dörte und Gudrun Ensslin, zu ‚eng' im Roigelhaus geworden. An die Eltern schrieb er Anfang März, also kurz bevor er das Telegramm über den Schlaganfall seines Vaters erhielt, über seine Zimmersuche: „Heute habe ich die Anzeige aufgegeben und hoffe, für den Sommer ein kleines, ruhiges Zimmer zu finden, vorher kann ich nicht aus Tübingen fortgehen. Das Roigelhaus ist mir verleidet durch das ständige rauhe und tierische Benehmen, die mangelnde Erziehung der Verbindungsstudenten und die gänzliche Abwesenheit jeder freien, geistigen Atmosphäre; es liegt ein

Hauch von Engigkeit und Spießertum über allem; das wurde im Sommer, als noch zwei, drei andere Menschen da waren, nicht so deutlich."[108] Der Brief ist nicht ganz aufrichtig. Zum einen verschweigt Vesper wohl den wahren Grund, noch „nicht aus Tübingen fortgehen" zu wollen – nämlich Gudrun Ensslin –, zum anderen war sein bevorstehender Auszug aus dem Roigelhaus vielleicht eher durch seinen weiblichen Zimmergast Dörte (und vielleicht auch Gudrun Ensslin) und die daraus folgenden disziplinarischen Schwierigkeiten bedingt, folglich nicht ganz so freiwillig, wie der Brief suggeriert. Vielleicht war Vesper sogar bereits Mitte Februar vom Roigel vor die Tür gesetzt worden. Das legt zumindest ein Abschnitt der *Reise* nahe, der als innerer Monolog Dörtes zu lesen ist. Beim Faschingsfest des Roigel kam es zu einem Zwischenfall, als sich einer der Roigel über Dörte ‚hermachte', worauf sie ihm eine Ohrfeige gab: „Am nächsten Tag fliegt er [d.i. Bernward Vesper, M.K.] raus, denn der Typ, dem ich eine geklebt hatte, hat sich unten im Schnee postiert und festgestellt, dass wir nicht nur den Mantel holen. Damit ist er draußen. Damenbesuch auf den Verbindungszimmern gibt es nicht. In dieser Nacht kommt er zu mir, ich hatte ein separates Zimmer unterm Dach, kein Schwanz fragt da nach irgendwas." (585) In der ‚Hausüberlieferung' des Roigel wird diese Ohrfeige an einem inzwischen prominenten Bundesbruder des Roigel Gudrun Ensslin zugeschrieben, was aber dieser Passage der *Reise*, die eindeutig Dörte zuzuordnen ist, widerspricht.[109]

Vesper war in diesen Semesterferien zunächst in Triangel, aber Ende März, Anfang April 1962 machte er einen längeren Besuch in Cannstatt, wo Gudrun Ensslin während ihres Ferienjobs bei Daimler-Benz wohnte. Dieser vermutlich erste Besuch im Cannstatter Pfarrhaus fiel mit einer Mandelentzündung Vespers zusammen. Erst am Ende des Sommersemesters berichtet er seiner Mutter: „bei ihr [d.i. Gudrun Ensslin, M.K.] habe ich damals nach Vaters Tod in Stuttgart gewohnt und Du kennst sie von ihren Anrufen während meiner Mandelentzündung; danach versorgte sie mich.“[110] Die Mandelentzündung ist der Auftakt zu einer Reihe von Krankheiten, die Vesper während der Tübinger Zeit zu schaffen machten und die auch als ein Spiegelbild seiner labilen, angegriffenen Psyche gesehen werden könnten.

Zu Beginn des Sommersemesters zieht er in die Untere Schillerstraße 4 in Tübingen. Gudrun Ensslin gibt in der Studentenakte für dieses Semester die gleiche Adresse an. Es heißt zwar gelegentlich, sie sei wegen Rauchens oder Männerbesuchen bei ihrer Tante in Waldenbuch ‚rausgeflogen‘, man darf aber annehmen, dass sie äußerst gern mit ihrem neuen Freund Bernward Vesper ins gleiche Haus einzog. Beide geben als Adresse „bei Vigelius“ an, d.h. sie hatten zwar getrennte Zimmer, aber in der gleichen Wohnung. Frau Vigelius war die damalige Besitzerin des Hauses in der Schillerstraße, die ein halbes Jahr in der Schweiz verbrachte, wodurch ihre Wohnung zur vorübergehenden Vermietung an Studenten frei geworden war. Mitte Mai schreibt Vesper an seine Mutter über seine neue Bleibe: „zum erstenmal im Studium ein wirklich nettes Zimmer, wenn auch ziemlich laut.“[111]

In den Semesterferien, kurz nach seinem Cannstatter Aufenthalt, übersandte Vesper in gewohnt genialischem Ton folgende Mitteilung an seinen Freund Henner Voss: „Lieber Henner, in Stuttgart fasste ich, vor dem Hauptbahnhof, den Plan einer literarischen Zeitschrift, uralter Gedanke von mir. Du solltest mitmachen, vielleicht Miehe, Meckel, Döhl (beide als Grafiker). Mit 1000 Abonnenten kann man den Laden schmeißen. Erscheinen unregelmäßig, aber mindestens vier mal (drei mal?) im Jahr. [...] Titel etwa ‚Literatur, Kunst, Gesellschaft, + kritische Vierteljahresschrift.' Herausgeber Döhl, Meckel, Miehe, Vesper, Voß."[112] Man darf getrost davon ausgehen, dass keiner der Genannten außer Henner Voss zu diesem Zeitpunkt von Vespers spontaner Zeitschriftenidee wusste. Trotzdem waren Reinhard Döhl und Christoph Meckel in typisch Vesperscher Manier bereits fest eingeplant und das Titelblatt sozusagen schon auf den Trommeln der Rotationsmaschine justiert.

Reinhard Döhl, der Kontakt zur Stuttgarter Gruppe um Max Bense hatte, war Student in Stuttgart und arbeitete bei der anfangs für die Universitäten Stuttgart und Tübingen gemeinsam herausgegebenen Studentenzeitschrift *notizen* als Redakteur.[113]

Christoph Meckel hatte bereits mit Graphikmappen und Gedichtbänden auf sich aufmerksam gemacht. Meckel erinnert sich an seinen ersten Kontakt mit Vesper und an spätere gemeinsame Pläne, ein Grafikbuch für das studio neue literatur zu machen: „B. Vesper schrieb mir offenbar noch als Schüler oder als beginnender Student, es war eine Hymne auf den Zyklus Moël [ein großformatiger Band mit Grafiken und kurzen Texten Christoph Meckels, M. K.], der 59 erschienen war und ihn in direkter Weise berührt haben muss. [...] Wir planten tatsächlich, ein Buch mit Grafiken von mir zu machen, warum nichts draus wurde, ist mir heute nicht klar. Er besuchte mich mehrmals in Berlin, allein oder mit Gudrun Ensslin, die damals offenbar ihre Doktorarbeit über H. H. Jahnn abgeschlossen hatte, und sehr sympathisch war. Er war das nicht. Er schien in dauernder Verkrampfung gefangen, sinnlos konspirativ, lauernd, besser wissend und zerrissen, fast zerklüftet von gegensätzlichen Energien. Es ist – oder war – sehr schade, dass er der Spontaneität seiner Briefe und ihrem Anvertrauen an mich, das Gegenteil dazusetzte – Belehrung, schroffe unsinnige Bemerkungen, Hohn und Arroganz – also alle Elemente einer schwer belasteten Existenz. Es gelang mir, ihn zu mögen, vielleicht ein wenig ihm entgegenzukommen. Er war dann plötzlich verschwunden, wie auch G. E. Man sah sich nicht wieder."[114]

Die spontane Idee einer Zeitschriftengründung war aber diesmal keiner jener Sektkorken Vespers, die er, wie sonst oftmals, schnell begeistert und ebenso schnell wieder von anderen Dingen abgelenkt, kurz knallen ließ. Sie beschäftigte Vesper und Voss sehr ernsthaft bis ins Jahr 1963. Im gleichen Brief, in dem er Voss von seiner Stuttgarter ‚Bahnhofsidee' berichtet, schreibt er – sein Vater ist nur drei Wochen zuvor gestorben: „Im Augenblick kann ich, aus begreiflichen Gründen nicht arbeiten. Zu und vor allem – die Liebe, die mir diese Arbeit ermöglichte, ist blockiert, ich bin sehr abhängig von diesen Dingen, – habe mich unsinnigerweise auch verlobt, nicht mit dieser, sondern einer anderen Studentin – und jetzt muß ich Porzellan und Vertrauen, das bei Eltern und Mädchen zerschlagen, wieder flicken."[115] Eine wirre Verflechtung von Liebesverhältnissen und Personen. Es ist nicht klar, ob Vesper mit der „Liebe, die mir diese Arbeit ermöglichte" die Liebe seines Vaters meint – was am wahrscheinlichsten ist, oder ob hier nicht auch die Liebe Dörtes oder/und Gudrun Ensslins gemeint ist, mit der er sich jetzt „unsinnigerweise verlobt" habe (was eine damals übliche Umschreibung ihrer frischen Liebe ist – die ‚wirkliche', öffentliche Verlobung mit Gudrun Ensslin erfolgte erst 1965). Interessant auch, dass die Eltern Dörtes offensichtlich von Vespers Liebesbeziehung zu ihrer Tochter wussten, da er sich bezichtigt, mit seiner jetzigen Liebe zu Gudrun Ensslin „Porzellan" bei Dörte und ihren Eltern „zerschlagen" zu haben.

Das würde auch erklären, weshalb Dörtes Vater sie nach diesem turbulenten Wintersemester nach Hamburg oder Marburg[116] ‚abberief'.

Vor dem Hintergrund dieser vielfältigen privaten Verwirrungen, die ihm keine Ruhe zur Arbeit an eigenen Texten lassen, entwirft Vesper nun den Zeitschriftenplan. In einer Art Brainstorming-Protokoll schreibt er an Voss über den möglichen Inhalt der Zeitschrift: „Die Texte breit gestreut, jung, revolutionär, gesellschaftlich. Namen etwa: (dies fällt mir eben beim Schreiben so ein, ich verbürge mich für keinen, nur die Richtung, unter den Alten, daneben Unbekannte) Also: Deschner, Jens, Schnurre, Bachmann, Johnson, Jünger, Eich, Huchel, Bobrowski, Fühmann, und neue, neue, neue, auch Bingel, Höllerer, Jahnn (aus dem Nachlass, Quellen habe ich) Benn (aus den Briefen, Quellen bei mir) Schi[c]kele (aus dem Nachlass) Heym, Wolfenstein, Brecht usw. usw, usw, Graß, Rühmkorf, Schmidt".[117] In anderen Briefen kommt beispielsweise noch Ezra Pound hinzu. Das Ganze klingt etwas nach Vesperschem Größenwahn, aber Korrespondenzen mit einigen dieser Autoren sind erhalten (u.a. korrespondierte Vesper mit Walter Muschg über Nachlasstexte Hans Henny Jahnns), und auch von Verlagsseite, z.B. von Luchterhand oder Bärmeier und Nikel, gab es ernsthaftes Interesse an dem Projekt. Warum schließlich nichts aus der Zeitschrift wurde, ist nicht mehr zu rekonstruieren; vielleicht hatte sich Vesper aber mit zu vielen anderen Projekten verzettelt, als dass er ernsthaft und mit voller Energie bei der Durchsetzung der Zeitschriftenidee hätte bleiben können. Außerdem konnte sein Umgangston bei mündlichen Verlagsverhandlungen, wie Henner Voss sich erinnert, recht robust, um nicht zu sagen unverschämt sein, was nicht selten mit schlichten Rausschmissen aus den entsprechenden Lektoratsbüros endete. Interessant ist auch, dass in obiger Namensliste wieder die bereits erwähnten Benn und Schickele (die in anderem Zusammenhang ja der Entlastung des Vaters dienen sollten) auftauchen. Im Nachsatz zur genannten Autorenliste lässt Vesper für den geplanten Kritikteil der Zeitschrift verlauten: „ich habe einige Hinrichtungen in der Schublade“,[118] was einerseits ein wenig nach halbstarkem Karl Kraus klingt (Henner Voss teilte mir mit, der gefürchtete Kritiker und *Fackel*-Herausgeber sei einer ihrer damaligen Literaturgötter gewesen), andererseits aber auch ungut an die ‚Hinrichtungen‘ erinnert, die Will Vesper mit trauriger Regelmäßigkeit in *seiner* Zeitschrift ein Vierteljahrhundert zuvor ‚exekutiert‘ hatte. – Und war Bernward Vesper mit der Idee einer Zeitschriftenherausgabe nicht ohnehin schon wieder in den Fußstapfen des Vaters unterwegs? Was aber nicht suggerieren soll, dass er, als Will Vesper-Sohn in Sippenhaft genommen, sich solch ein Projekt nicht hätte vornehmen dürfen – mir geht es nur um den Hinweis, in wie vielen Bereichen Bernward Vesper dem Vorbild seines Vaters – bewusst oder unbewusst – zu folgen versuchte.

Eine kleine Fußnote zu Vespers Bemühungen, an Geld oder sonstige Unterstützung für die Zeitschrift zu kommen, führt uns erneut in die große Welt: Er schrieb an Carlo Schmid in Bonn, den damaligen Vizepräsidenten des Deutschen Bundestags, und bekam von diesem den Bescheid, eine Unterstützung einer Zeitschriftengründung sei nicht möglich. Vesper reagierte mit seinem Kommentar „Typisch. Sollte man veröffentlichen“ am Briefrand wieder einmal etwas überzogen.[119] Der Treppenwitz an dieser Sache ist, dass Bernward Vesper und Gudrun Ensslin in der Unteren Schillerstraße im Nachbarhaus des Alttübingers Carlo Schmid wohnten – vermutlich, ohne dies zu wissen.

In einigen der folgenden Briefe an Henner Voss geht es um die Überlegung, welchen Titel man der geplanten Zeitschrift geben könnte. Auch hier zeigt sich Vesper als jemand, der in zwei Richtungen denkt: „Der Titel? Macht mir auch Sorge: entweder a) herkömmlich: Literatur-Bühne, Kultur-Bühne, Kultur-Spiegel, Deutsche Kultur, Weltkultur, Weltliteratur, Literatur Revue, Kultur-Revue, Kultur-Hefte, oder b) Scene '60, avantgarde, junge blätter, gruppe 62, neue generation, oder dergleichen."[120] Vespers Titelvorschläge führen vor, dass er auf der Klaviatur der damaligen kulturellen Töne in ihrer ganzen Bandbreite zu spielen wusste: der erste Teil verweist auf die 50er-Jahre (bzw. noch weiter zurück, die „Kultur-Bühne" beispielsweise spielt auf die von Carl von Ossietzky herausgegebene *Weltbühne* an), der zweite Teil bedient, in avantgardistischer Kleinschreibung, den Geschmack des neuen Jahrzehnts. Diese Titelliste ist eine prägnante Vorführung von Vespers Unsicherheit, wo seine eigenen Präferenzen lägen, und, daraus folgend, wem er sich denn eigentlich zugehörig fühlte. Nach weiteren Überlegungen zur Titelwahl schreibt er Ende Mai 1962 an Voss: „Ich bin gegen eine[n] Phantasie-Titel, eher für eine nüchterne Arbeitsbezeichnung. Literarische Hefte. Literatur. Ganz einfach LITERATUR."[121] Hier ist Vesper wiederum – ob bewusst oder unbewusst, lässt sich schwer sagen – auf den Spuren seines Vaters unterwegs, dessen Zeitschrift, wie bereits erwähnt, *Die Neue Literatur* hieß.

Aber auch der Vorschlag, die Zeitschrift „LITERATUR" zu benennen, setzt sich nicht durch. Anfang August steht für Vesper fest, die Zeitschrift solle „TRIAS, Zeitschrift für Dichtung, Dokumentation und Kritik" heißen.[122] In einem undatierten Brief, der vermutlich vor dem zitierten geschrieben wurde, stellt er Voss seine Idee erstmals vor: „‚Meine' Zeitschrift heißt TRIAS und erscheint dreimal jährlich [...] Sie ist also eine Dritteljahrsschrift. TRIAS hält sich an ein bestimmtes redaktionelles Programm, das zyklisch in jedem Jahr durchlaufen wird. TRIAS bringt in jedem Jahr einen Band Dokumentation (über eine vergangene Literaturepoche, die für das XX. Jahrhundert von Bedeutung ist), einen Band neuer deutscher Dichtung, mit zahlreichen neuen Arbeiten bekannter Schriftsteller und einigen Proben junger Autoren, und einen Band mit Übersetzungen und Aufsätzen aus einem fremdsprachigen Literaturraum." Vespers Vorliebe für die Zahl drei, die sich im Titel der geplanten Zeitschrift ausdrückt, hatte bereits zuvor einen Kulminationspunkt erreicht. In einem Brief stellte er Henner Voss die rhetorische Frage: „Soll man drei lit. Zeitschriften auf einmal gründen?"

Der von Vesper vorgeschlagene Name „TRIAS" leitet sich vom elterlichen Hofgut Triangel her.[123] Die Identifikation mit seinem Herkunftsort geht so weit, dass Vesper viele seiner Zeitschriftenbeiträge jener Zeit mit dem Namen Bernward Vesper-Triangel zeichnet. Auch die alten Briefbögen des Vaters, die Vesper zu dieser Zeit für seine eigenen Korrespondenzen verwendet, tragen im Briefkopf die Aufschrift „Vesper-Triangel". Verfolgt man Vespers fast schon obsessives Verhältnis zur Zahl drei noch weiter, so kann man darauf hinweisen, dass in der *Reise* in Verbindung mit dem dort beschriebenen LSD-Trip von einem „Tri-Erlebnis" (259) die Rede ist, und im „Einfachen Bericht" wird geschildert, wie während der Kindheit des Autors stets ein Triangel zum Essen rief und damit die Zeit strukturierte (321). In einem Brief an den März Verlag weist Vesper auf die drei Erzählebenen seines geplanten Textes hin, der ja zunächst *TRIP* heißen sollte (606). In seinen letzten Aufzeichnungen, ungefähr ab Mitte 1970, in denen Vesper mehr und mehr in eine selbst seinen engsten Freunden immer unzugänglichere Innenwelt abdriftet, tauchen schließlich wiederholt Schaubilder mit Dreiecken sowie Listen mit Worttriaden wie „jesus, johannes, sokrates", „moses, jesus, nirwana" oder

Umschlagabbildung der im März Verlag erschienenen Ausgabe der *Reise*

„Hegel, Heger, Aeger“ [sic!] auf, die ihren Urheber als Gefangenen eines zwanghaften und schließlich tödlichen Assoziationswahns zeigen.[124] Vor diesem ganzen, zuletzt ins Desaster weisenden Hintergrund war es ein Glücksgriff des März-Verlegers und Herausgebers Jörg Schröder, dass er den Schutzumschlag der Erstausgabe der *Reise* mit einer Fotografie des Bahnhofs Triangel versehen ließ, auf der sich ein Schienenstrang in Form eines Dreiecks in der Ferne verliert.

Vespers Hang zu Dreiecksbeziehungen könnte in diesem Zusammenhang als bewusste Selbststilisierung oder aber als unbewusste Fortsetzung des Dreier-Prinzips bis in die privatesten Bereiche verstanden werden. Dass Vesper sich, auch nachdem Dörte Tübingen verlassen hatte, noch mindestens einmal mit ihr traf, geht aus einer ihr in den Mund gelegten Passage der *Reise* hervor, in der zunächst ihr Fortgang aus Tübingen angesprochen ist: „Aber mein Vater [der ja von ihrer Liebe zu Bernward Vesper wusste, M. K.] kommt dahinter, daß er [d. i. Bernward Vesper, M. K.] – na ja, das ist eine komplizierte Geschichte. Er hatte nämlich noch eine Freundin, die zugleich auch meine Freundin ist [d. i. Gudrun Ensslin, M. K.], die hat ihn mir weggeschnappt. Und dahinter kommt mein Vater, und versetzt mich einfach von Tübingen nach Marburg und verbietet mir, noch Kontakt mit ihm zu haben. Punkt. Aber ganz so einfach geht das nicht. Er kommt nämlich eines Tages an und besucht mich. Das ist so seine Art: sich immer noch eine Tür offen zu halten. Wir fahren also raus aufs Land, ein erster Sommerabend, zart wie frisches Gras, wir gehen über die Felder nach Roth und anschließend in den alten Gasthof. Der Wirt gibt uns zwei Zimmer, die durch einen langen, winkligen Flur miteinander verbunden sind, und ich warte, bis alles schläft und schleiche dann zu ihm. Das Bett steht genau über dem Kuhstall, wenn eines der Tiere sich bewegt oder aufsteht, stößt es mit dem Rücken an die Bohlen und das Zimmer bebt sanft. Und hier lieben wir uns, bis er am nächsten Morgen sein Zeug nimmt und aufbricht." (585 f.) Aber Dörte ist nicht die einzige Geliebte, die Vesper während der Tübinger Zeit neben Gudrun Ensslin hatte. Und auch Gudrun Ensslin scheint mit dem Wissen und Einverständnis Vespers gelegentlich andere Männer getroffen zu haben. Ihre ‚Szene' war eine Gruppe von jungen Leuten um das Tübinger Zimmertheater, mit denen sie oft ins Freibad ging oder auch abends in der Stadt unterwegs war.[125] Die beiden versuchten, eine offene Zweierbeziehung zu leben, lange bevor dies dann Ende der 60er-Jahre als Ideal propagiert wurde. Dass das nicht ohne gegenseitige Verletzungen und Verunsicherungen geschah, wird noch zu sehen sein.

Aber zurück zur ersten gemeinsamen Zeit Gudrun Ensslins und Bernward Vespers in der Unteren Schillerstraße. Die beiden hören gemeinsam Ernst Blochs Vorlesung „Philosophische Grundfragen", wiederum das Kolloquium „Probleme der zeitgenössischen Literatur" von Walter Jens sowie Wolfgang Schadewaldts „Odyssee"-Vorlesung. Bernward Vesper besucht in diesem Semester auch einen Anfängerkurs Spanisch, vielleicht schon im Hinblick auf die für den Sommer zusammen mit Gudrun Ensslin geplante Reise nach Sevilla, wo ein Sommerkurs der Studienstiftung des Deutschen Volkes stattfinden sollte. In diesem Sommer war auch ein Jugendfreund Vespers mit dem Spitznamen Dobbeck zum Studium nach Tübingen gekommen, der, wohl nicht zuletzt wegen seines Käfercabrios, sehr beliebt war.[126] – Obwohl der Sommer 1962 zunächst gar nicht nach Cabriowetter aussah; Anfang Juni klagt Vesper in einem Brief an die Mutter noch immer über seine Mandelentzündung und setzt hinzu: „Auf der Alb Schnee bis in die Täler. Ein Auto, das von dort oben kam, war dick bepackt mit Schnee und Eis."[127]

Knapp zwei Wochen später kam es gemeinsam mit Dobbeck und Edda, einer drei Jahre jüngeren Studentin aus Gifhorn (der Hauptstadt des Landkreises, zu dem Triangel gehört; dort war Vesper auch zur Schule gegangen) zu einem kleinen unpatriotischen Zwischenfall, der aktenkundig wurde: „Am 13.6.1962 gegen 01,00 Uhr fuhren die Beschuldigten im PKW am Bahnhof vorbei. Als sie die dort am Masten hängenden Fahnen sahen, beschlossen sie, aus Ulk eine Fahne herunterzuholen. Während die Beschuldigte mit dem Willen, an der Tat mitbeteiligt zu sein, im Wagen sitzen blieb, stiegen die anderen beiden Beschuldigten aus, öffneten das Sicherungsschloß einer Fahne der Bundesrepublik Deutschland, ließen diese herab und brachten sie ins Auto. Anschließend fuhren sie zur Wohnung der Beschuldigten [...] und gaben ihr die Fahne zur einstweiligen Aufbewahrung in ihr Zimmer mit."[128]

Henner Voss gegenüber erwähnt Vesper seine neue Freundin Gudrun Ensslin namentlich erst, nachdem er sie bereits einige Wochen kannte. Zunächst heißt es anlässlich einer der vielen brieflichen Standortbestimmungen zum Zeitschriftenplan: „zu Deinem Trost sei gesagt, daß ich über eine ausgezeichnete, enge Mitarbeiterin verfüge, die mir bei Übersetzungen und praktisch allem helfen kann."[129] Gemeint ist Gudrun Ensslin, die offensichtlich über gute Schreibmaschinenkenntnisse verfügte, denn bald ‚nutzt' Vesper sie als Sekretärin für seine unterschiedlichen Publikationspläne – von den Veröffentlichungen der Werke des Vaters bis hin zu den eher avantgardistischen Literaturprojekten, die sie gemeinsam in den folgenden Monaten angehen werden. Oft finden sich dann Kürzel wie „Ve/ens" oder die Diktatzeichen „ens" oder „sek" in den Briefen, was auf eine enge und vor allem äußerst umfangreiche gemeinsame Büroarbeit der beiden schließen lässt. Mitte Juli heißt es in geschäftsmäßigem Ton, wiederum an Voss: „Übrigens: Ich habe mit Gudrun gesprochen, die ein sehr zuverlässiger Mensch ist und dafür sorgen will, daß die fertige Zeitschrift zur rechten Zeit an die Kunden gelangt. Auch das wäre geklärt."[130] Den Versand wird sie dann aber, da die Zeitschriftenpläne schließlich nicht in die Realität umgesetzt werden, zunächst für die Werke Will Vespers übernehmen, so dass das Dachgeschoss des Cannstatter Pfarrhauses (in dem die Bücher aus Platzgründen gelagert werden) ab dem Sommer oder Herbst 1962 mehr und mehr dem Bücherlager eines Verlags zu gleichen beginnt.

In Sachen Liebe scheint der Schillerstraßensommer sehr intensiv, um nicht zu sagen exzessiv gewesen zu sein, wie man einer Beschreibung in der *Reise* entnehmen kann: „Wir räumten die Wohnung in der Unteren Schillerstraße, brachten alle Flaschen weg, die wir während des Semesters gesoffen hatten. Mit der Luftmatratze und Schlafsäcken gingen wir hinauf in die Apfelgärten. Schliefen, fickten, es war warm, der Sommer, die kürzeste Nacht. Dann unten am Neckar, als wir auf einer Bank uns ausstreckten, Scheitel an Scheitel, kam der Streifenwagen. ‚Ihre Papiere bitte!' Wo sind also die Papiere: Wir haben hier ein Jahr lang studiert und gehen morgen früh weg. Einen festen Wohnsitz? Sie waren nicht unfreundlich, aber Gudrun mußte sie doch etwas umgarnen." (90f.) Es gibt in der *Reise* noch eine weitere Erwähnung der Zeit in der Schillerstraße, die aber nicht ganz so idyllisch klingt: „Ich rasierte mich in unserer ‚Wohnung' [...] Ich hatte nicht gehört, daß Gudrun hereinkam, sah sie plötzlich hinter mir im Spiegel, drehte mich um und schlug ihr ins Gesicht, sie *sagte nichts*, weinte kaum (ihr Weinen war so trocken wie ihr Orgasmus), ‚Lache! Du sollst lachen!' ‚Ich will es ja, o bitte, schlag mich nicht mehr, ich werde lachen!'" (34)

Aber nicht nur durch solche Szenen mag ihre Liebe irritiert gewesen sein (obwohl man als Außenstehender schwer sagen kann, inwiefern der sich hier andeutende Sadomasochismus nicht auch ein für beide Seiten lustvolles Rollenspiel war), erschwerend kamen äußere Umstände hinzu. Wie aus dem ersten Zitat bereits hervorgeht, mussten Vesper und Ensslin die Wohnung in der Unteren Schillerstrasse bereits nach einem Semester wieder verlassen, was für Vesper den dritten Umzug innerhalb von drei Semestern bedeutete. In einem Brief an die Mutter schreibt er, er müsse nun erneut auf Zimmersuche gehen, weil die Vermieterin, Frau Vigelius, wieder aus der Schweiz zurück sei. „Ich bin das Suchen leid“, heißt es da. Jetzt erst offenbart er der Mutter den Namen seiner neuen Freundin: „Wenn ich zum 1. [gemeint ist wohl der 1. August, Vespers 24. Geburtstag, M. K.] heimkomme, möchte ich gern Gudrun Ensslin mitbringen, bei ihr habe ich damals nach Vaters Tod in Stuttgart gewohnt und Du kennst sie von ihren Anrufen während meiner eitrigen Mandelentzündung; danach versorgte sie mich.“[131] Vesper schlägt vor, seine neue Freundin, die etwa zehn Tage bleiben wolle, könne auf dem Speicher wohnen.

Zuvor hatte er aber ein weiteres Problem zu lösen, das weitaus belastender als die erneute Zimmersuche war. Dörte war von der erwähnten sommerlichen Liebesnacht im Rother Gasthaus schwanger geworden; in der *Reise* sagt sie: „Sechs Wochen später merke ich, ich bin schwanger – ein Moment des Schreckens und des Glücks, eine Sekunde der Hoffnung, daß er jetzt zu mir zurückkommen würde, zugleich aber wußte ich, ich werde das Kind nicht austragen. Er soll einen Abtreiber besorgen, tut auch einen in F. auf“. (586) Gudrun Ensslin, die wohl befürchtete, Vesper wegen des Kindes wieder an Dörte zu verlieren, beteiligte sich bei der Suche nach einem Arzt. Vor allem wurde aber auch Henner Voss eingeschaltet. Abtreibungen waren damals in jedem Fall illegal, das heißt, das Ganze musste im Geheimen geplant und durchgeführt werden. Welcher Gefahr sich Dörtes Abtreibungsarzt dabei aussetzte, geht aus der *Reise* hervor, denn „ein paar Monate später wird er verhaftet und sitzt lange ein.“ (586)

Henner Voss, den diese aufregenden Julitage auf andere Art

Tübinger Studentenidyll zu Beginn der 60er Jahre:
Stocherkähne auf dem Neckar vor dem Hölderlinturm

als Vesper und Ensslin nervten, schrieb dazu: „Er [d.i. Vesper, M.K.] bat mich inständig, mit ihm einen Arzt für die Abtreibung zu suchen. Zwei Tage fuhren wir durch Köln, Wuppertal und Remscheid, er war verzweifelt. Nach jeder Absage steigerte sich seine Larmoyanz: ‚Meine Divination sagt mir, das funktioniert so nicht.' Am zweiten Tag stieg er gar nicht mehr aus: ‚Ich hab es nie erwähnt, ich hab's am Herzen.' Als ich eine Woche später eine Adresse hatte, war er genesen und reskribierte: ‚Es ist das einzig Mögliche, entweder am 21. oder 28. (Sonnabende!) nach Köln zu kommen. Diese Termine sind gänzlich ohne Aufsehen einzuhalten. Würdest Du das, bitte, weiterleiten und festmachen?‘ Dann am 17.7. ein nicht minder knappes Telegramm: ‚Bitte mich anzurufen. Köln unbedingt Sonntag/Montag festmachen.‘ Am 26.7. schaltete sich Gudrun Ensslin mit einem Telegramm aus Stuttgart ein: ‚X Ankunft 10.08 Uhr. Bernwards frühestens gegen 11 möglich. X abholen bitte.‘ Beide schienen zu wissen, dass ich immer dankbar bin, wenn mir gesagt wird, was zu tun ist. Am 2.8. hatte Vesper in Triangel zu alter Gutsherrenattitüde zurückgefunden: ‚Nach zwei Tagen war's vorbei; gänzlich unbemerkt; weder mein noch Dein, noch irgendein Name ist hinterlassen worden oder genannt. Dir vor allem in der Sache Dank.‘“[132]

Henner Voss amüsiert sich wohl durchaus zu Recht über die Umgangsformen Vespers und Ensslins. Wie sehr die Abtreibung den beiden aber wirklich und im Wortsinn zu Herzen gegangen sein muss, zeigt ein Brief Vespers an Voss vom 4. August: „Übrigens: Meinst Du, dass man die Herztropfen, die der englische Arzt im Bahnhof Köln empfahl, dort beziehen kann; oder zum mindest[en] den Namen dort erfährt? Da ich immer mit dem Herzen etwas habe – Gudrun auch – möchte ich gern einen Vorrat haben.“ Und dass Gudrun Ensslin an Voss nicht nur Arbeitsanweisungen in Form kurzer Telegramme sandte, illustriert der folgende (wenn auch am Schluss etwas rätselhafte) Dankesbrief einen Tag später: „Lieber Henner, daß Du tagelang nicht wußtest, was sich in Köln getan hatte – das finde ich schlimm. Mehr brauche ich eigentlich nicht zu sagen. Oder doch: Henner Vösse (das Floß – die Flöße) gibt's nicht viele; vielleicht gibt's Dich überhaupt nur neun mal. Herzlichst, Gudrun.“

Als Fußnote zu diesen aufregenden Tagen sei ein weiterer Text Vespers zitiert, den er offensichtlich nach der Abtreibung verfasste. Er stellt eine ‚aktualisierte' Variante zu einem der früheren Dörte-Texte dar und stammt aus einem unveröffentlichten Hörspielmanuskript. Was an dem früheren Text noch unklar und beliebig erschien, ist jetzt durch die schuldbeladene Erfahrung der Abtreibung konkreter geworden:

„die frau nein, ich könnte es nicht abtreiben. könnte es nicht? [...] auf der brücke wartet ein taxi auf einen fahrgast, der nie erschien. [...] an der bußhaltestelle [sic!] wartete ich auf den bus, ich zitterte vor furcht, und ging weiter, ohne abzuwarten, hoffentlich vergeht die nacht rasch. in den buchläden lagen die bücher mit leeren seiten, ich bemühte mich, die unleserliche botschaft zu entziffern. da hörte ich den bus eilend hinter mir herfahren, der platz am steuer war leer, drei große weihnachtssterne schliefen auf der letzten bank. seit tagen sah ich zum ersten mal einen menschen, zwei männer, die an mir vorbeigingen und vor mir zu einem wurden. ich wandte mich erschrocken um, an der bushaltestelle wartetet eine alte frau auf den bus und kaute auf ihrem weißen haar. ich werde mutter, dachte ich, mutter? dachte ich? ich habe doch keinen mann. [...] in den regalen der milchgeschäfte lagen schwarze, verfaulte küken. endlich traf ich auf menschen, sie standen an der straßenecke, zündeten ihre finger an und begannen, sich selbst zu rauchen. nein, ich kann es nicht abtreiben, so fern von meinem haus endlich sah ich den giebel, ich hörte in der vorhalle tischtennis spielen. als ich die tür öffnete, stand ein knochenmann mitten im raum und warf ein getrocknetes embyo [sic!] von einer knochenhand in die andre."[133]

In diese chaotischen Julitage hinein kommt Scott Mohr, ein alter Freund Gudrun Ensslins, zu Besuch nach Deutschland.[134] Ensslin hatte Mohr 1958/59 während ihres einjährigen Aufenthalts als Austauschschülerin in Warren/Pennsylvania kennen gelernt und war seither in intensivem Briefkontakt mit ihm gewesen. Mohr hatte sich erfolgreich um ein vierwöchiges Praktikum am Tübinger Max-Planck-Institut für Virusforschung beworben und nahm damit zugleich die Gelegenheit wahr, seine Jugendfreundin wiederzusehen. Am 7. Juli war er frühmorgens am Stuttgarter Hauptbahnhof angekommen, wo ihn Gudrun Ensslin bereits erwartete. Den ersten Tag und die erste Nacht verbrachte er im Haus der Ensslins in Cannstatt. In Tübingen wohnte er zunächst gemeinsam mit Vespers Freund Dobbeck in einem Haus auf dem Österberg, bevor er ein Zimmer in der Nähe des Max-Planck-Instituts bezog.

Mohr erinnert sich, dass er sehr bald Anschluss an eine Gruppe von Freunden um Gudrun Ensslin fand, mit denen er Ausflüge in die Umgebung unternahm. Meist war Ensslin mit von der Partie, seltener aber Bernward Vesper, den Mohr als etwas hochnäsig und sehr beschäftigt in Erinnerung hat. Außerdem machte er auf Mohr den Eindruck, als sei er vom Tod seines Vaters noch immer sehr mitgenommen. Dass Ensslin inzwischen mit Vesper zusammen war, enttäuschte Mohr wohl mehr, als er sich zunächst eingestehen wollte, hatte er vielleicht unterschwellig doch damit gerechnet, dass bei seinem Deutschlandaufenthalt aus der bislang platonischen Freundschaft mit Gudrun Ensslin mehr werden könnte. Bernward Vesper und Gudrun Ensslin schienen ihm ein sehr eng verbundenes Paar zu sein und der Ehrgeiz Vespers in Bezug auf die unterschiedlichsten Publikationspläne schien sich auf Gudrun Ensslin übertragen zu haben. Ensslin, die Mohr als normalerweise sehr dominant und ihrer Umgebung zumeist intellektuell überlegen

Dörte, Aufnahme ca. 1962

beschreibt, war gegenüber Vesper fast devot und behandelte ihn wie eine sehr bedeutende Persönlichkeit. Sein Eindruck war, dass Vesper derjenige war, der in der Beziehung die Vorgaben machte.

Gleich an seinem ersten Tag in Tübingen, am 10. Juli, lernte Scott Mohr Dörte kennen, die ja inzwischen in Marburg studierte, aber offensichtlich einen etwas verfrühten Semesterferienaufenthalt in Tübingen verbrachte (vielleicht brauchte sie auch wegen ihrer ungewollten Schwangerschaft die psychische Unterstützung Vespers und Ensslins und suchte deshalb deren Nähe). Zwischen ihr und Mohr entwickelte sich schon bald eine Zuneigung, die schließlich zur ersten ‚wirklichen' Liebesbeziehung des jungen Amerikaners wurde. Gudrun Ensslin hat wohl ihr Möglichstes getan, um die beiden einander näher zu bringen.

Im Gespräch teilte mir Scott Mohr mit, er habe zwar gewusst, dass Dörte zuvor mit Vesper zusammen gewesen sei, dass sie aber während der Zeit, als sich ihre Liebe zu entwickeln begann, sogar vom Geliebten Gudrun Ensslins schwanger war und das Kind schließlich abtrieb, sei ihm nicht bekannt gewesen. Den eigenen, wenn auch noch recht neuen Freund nicht in diese Sache einzuweihen, ist auf den ersten Blick schockierend, zeigt aber auch, wie groß zu jener Zeit die Angst vor den strafrechtlichen Folgen gewesen sein muss.

Mohr, der in seinem „unreifen Enthusiasmus" glaubte, Dörte sei die Frau seines Lebens, machte ihr einen Heiratsantrag, den sie annahm. Am 4. August, Vesper und Ensslin waren inzwischen nach Triangel abgereist, fuhr Dörte mit Mohr zu ihren Eltern nach Iserlohn, um ihn als zukünftigen Ehemann vorzustellen. Die Eltern Dörtes behandelten Scott Mohr zwar höflich, machten aber seiner Erinnerung nach keinen begeisterten Eindruck. Nachdem er die folgenden drei Wochen mit Dörte verbracht hatte, begleitete sie ihn am 25. August nach Rotterdam, wo er das Schiff zurück nach Amerika bestieg. Zwei Tage vorher hatten sie in Amsterdam Verlobungsringe gekauft und ausgetauscht, die sie bis zu ihrer Heirat tragen wollten. Aus der geplanten Hochzeit wurde jedoch nichts, weil Mohr mit seinem Studium in Amerika sehr beschäftigt war und zunächst keine Möglichkeit sah, Dörte über den Atlantik zu sich kommen zu lassen, woraufhin die Verlobung dann ein Jahr später Ende 1963 von Dörte aufgelöst wurde.

Ensslin und Vesper verbrachten in den folgenden Semesterferien über zwei Monate gemeinsam in Spanien, zunächst von Mitte August bis September in Sevilla, danach den ganzen Oktober wieder in der gleichen Bungalowsiedlung in Denia, in der Vesper ein Jahr zuvor bereits als Ferienarbeiter beschäftigt gewesen war. Irgendwann während dieser Spanienreise stieß dann auch Dörte wieder zu ihnen und blieb mit ihnen bis zur Heimfahrt nach Deutschland Ende Oktober zusammen. Über diesen Sommer gibt es dann auch eines der zahlreichen Gerüchte um Gudrun Ensslin, die vermutlich ins Reich der romantisierenden Legende gehören: Sie habe sich gemeinsam mit ihrem Freund Bernward Vesper für eine Nacht in der Alhambra einschließen lassen.[135]

Nach einer kurzen Zwischenstation in Cannstatt kommen Ensslin und Vesper Anfang November 1962 mit dem kleinen Kätzchen Isabella, das sie aus Spanien mitgebracht hatten, in Dußlingen bei Tübingen an, wo sie in den Gasthof „Hirsch" einziehen. Bereits einen Monat zuvor, am 5. Oktober, hatte Gudrun Ensslin in einem Brief aus Denia angefragt, ob für sie noch zwei Zimmer ab November frei wären – also war es, wie auch im Fall der Abtreibung, wiederum sie, die als die Zupackendere von beiden die Dinge in die Hand genommen hatte.

Der „Hirsch" war damals ein Gasthaus, in dessen oberstem Stockwerk Dauergäste, wie etwa Studenten und Montagearbeiter, untergebracht waren. Vesper schreibt an seine Mutter: „Hier wohne ich in einem richtigen Landgasthaus, sehr ruhig, 10 min von Tübingen entfernt (ziemlich häufige Zugverbindungen). Die Leute sind sehr nett. [...] Ich fahre meist einmal am Tage rein, sonst hier in aller Ruhe lesen + schreiben. [...] Isabella wohnt auch hier. Herr [...] hat sie und uns mit dem Auto von Stuttgart aus hierher gebracht. [...] Gudrun läßt herzlich grüßen! Isabella auch!"[136]

Marie Klett, die Wirtin des „Hirsch“, erinnert sich an Vesper und Ensslin als an ein sehr gegensätzliches Paar. Gudrun Ensslin sei eine auffällig gutaussehende und sympathische Frau gewesen, zu der sich die Gäste immer umgedreht hätten, wenn sie abends gemeinsam mit Vesper den Schankraum betreten hätte. Vesper hingegen erschien ihr eher „schwermütig“ und „labil“. Auch wegen seines norddeutschen Akzents sei er aufgefallen, zumal Gudrun Ensslin im „Hirsch“ stets Schwäbisch gesprochen habe.[137] Ein aufschlussreiches Detail in den Erinnerungen Marie Kletts ist auch, dass sie von Vespers Mutter stets als von seiner Schwiegermutter spricht – was eigentlich schon genug darüber aussagt, wie das Verhältnis von Mutter und Sohn von Dritten wahrgenommen wurde.

Die erste Zeit im „Hirsch“ war für Vesper in vielerlei Hinsicht wieder recht produktiv. Am 19. November 1962 schreibt er folgendes Feuer-Gedicht in seinen Taschenkalender:

„Auf allen Dächern fressen flammen
im himmel ist viel rauch geworden
der ganze himmel ist nacht

[...]

Von zeit zu zeit, wenn in der schwärze
die feuertrompete kreischt,
erschrecken die blinden und die frauen.

[...]

wann erheben sich die erschossenen männer,
ihre häuser zu löschen?

[...]

Der Dußlinger „Hirsch“, Postkarte um 1960

während die blinden mit ihren stöcken
auf die totenschädel tappen,
während die frauen die langen lackierten nägel
vor die geschändeten schösse halten

Nützen die kinder aus, das[s sie] unbewacht sind
Schreiben an die wände des bunkers:
tot ist tot
einmal ist immer.“[138]

Ein finsteres, untergangsverliebtes Szenario. Dazu sei kurz erwähnt, dass man aus Vespers Zimmerfenster genau auf das Dußlinger Feuerwehrhaus schaute, eine banale Realie, die dieses Gedicht aber vermutlich mit beeinflusst hat.

Wie Gerd Koenen berichtet, schrieb Gudrun Ensslin nach der Rückkehr von Spanien ein Tagebuch mit dem Titel „Isabella und ich".[139] Dieses Tagebuch ist in einem Stil und mit einer Metaphorik geschrieben, die an Hans Henny Jahnn erinnert; so ist beispielsweise vom „Wolf, der das Lamm zerbricht, abhäutet, tötet, das helle Blut trinkt"[140] die Rede. Gemeint ist wohl Bernward Vesper, der in Gudrun Ensslins Phantasie in einem schon beinah kannibalischen Akt über sie herfällt – oder aber auch sie, die nach Art der Katzen mit ihrem Opfer spielt. Man fühlt sich atmosphärisch an die ‚sadomasochistische' Szene in der Unteren Schillerstraße erinnert.

In diesem Herbst tauchen auch immer wieder andere Frauen auf, mit denen Vesper ausgeht, während Gudrun Ensslin im „Hirsch" auf ihn zu warten scheint. Auch gelegentliche Alkoholexzesse sind in diesem Tagebuch angedeutet. Koenen zitiert weiter daraus und kommentiert: „Sie macht sich Vorwürfe, dass sie ihn ‚noch nicht genug liebt', dass sie ‚unfähig zur Selbstaufgabe' ist. Sie fürchtet sich vor dem, was er ihr sagen wird: ‚Du hast schrecklich endgültige Augen.' Sie will sich ‚in den Schnee der Eisnacht legen' um nicht hören zu müssen, ‚was ich nie wieder gutmachen kann'. Sie bettelt um ‚eine letzte Chance' – bis der Wolf sich ihrer wieder erbarmt und ihren ‚Schoß erbricht' und sie eine Liebe lehrt, ‚so groß, bis das kleine Heupferd nicht mehr zu klein ist. Alles tut für dich. Auch töten.'"[141] Wiederum taucht ein oft von Hans Henny Jahnn verwendetes Motiv, das Pferd, auf (so wie in einem der zitierten Texte Vespers bereits Dörte mit einem Füllen verglichen wurde). Koenen weist darauf hin, dass einem der Atem stocke bei Ensslins Satz, sie täte alles für ihn, „Auch töten" – denn dieses ‚Versprechen' würde sie zehn Jahre später ja für Andreas Baader dann wirklich einlösen.[142] Auffällig ist aber auch, wie klein und devot sich Gudrun Ensslin – zumindest in ihrem Tagebuch – ihrem Freund Bernward

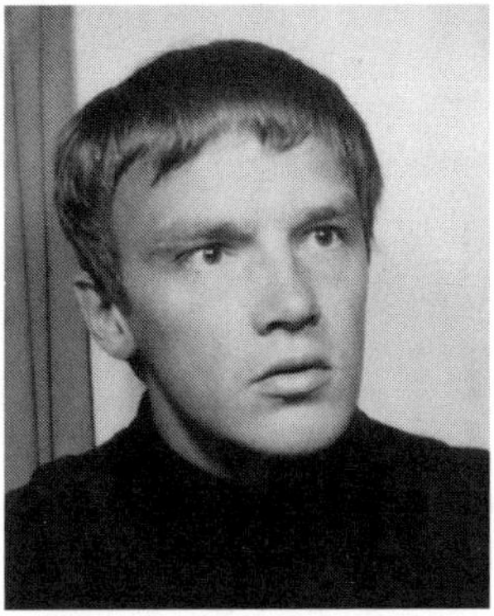

Bernward Vesper und Gudrun Ensslin, ca. 1962

Vesper gegenüber gibt. Dies steht in krassem Widerspruch zu den bereits erwähnten Äußerungen Marie Kletts, der Wirtin des „Hirsch", die sich an Vesper als an einen labilen, in seinem Auftreten sehr unsicheren jungen Mann erinnert, während ihr Gudrun Ensslin als eine selbstbewusste, sympathische und attraktive Frau in Erinnerung geblieben ist. Auch andere Bekannte der beiden äußern sich in dieser Richtung.

Dass Vesper sich gelegentlich von Gudrun Ensslin tatsächlich noch nicht genug geliebt fühlte, wie sie in ihrem Tagebuch vermerkte, geht aus einer Eintragung in seinem Taschenkalender hervor: „G.[udruns] Interesse (das wahre) für meine Arbeiten mäßig."[143] Der gleiche Eintrag zeigt auch Vespers literarische Pläne: „‚Das Ende des Aufstands' zusammengestellt. Enthält 8 Shortstories und 6 Gedichte. Will versuchen, es bei Stalling (?)

unterzubringen. Vielleicht auch Hanser. Soll auf jeden Fall erscheinen." Außerdem möchte er das „Hörspiel ‚Reise nach San Lucar'" neu fassen. „Nebenbei entstehen die Gedichte zu dem Zyklus Wind und bittere Olive (?) [...] Will übrigens bei den Zeitschriften ‚Wir' und ‚abschnitte' mitarbeiten." Und abschließend heißt es, wieder in etwas angestaubtem und stark rilkesch gefärbtem Tonfall: „langsam aus sich selbst heraus und um sich herum die Kreise schaffen."

In einem weiteren Eintrag in den Taschenkalender gibt sich Vesper ähnlich pathetisch: „Wie schmal die Ausbeute so langer Jahre [...] Was ein Mensch sehen und verstehen kann, habe ich erlebt und verstanden. Ich habe meinem Vater die Augen geschlossen, habe auf dem Dach der Welt gestanden und im Mittelpunkt der Erde gewohnt. Das soll kein Geständnis sein, keine Offenbarung."[144] Wiederum schreibt Vesper wie ein bereits altgedienter Berufsschriftsteller (also letztendlich wie sein Vater), der in schmerzlicher Selbsterkenntnis die magere Ausbeute langer Jahre des Schreibens bilanzierend vor sich ausbreitet. – Und noch immer hatte er kein einziges eigenes Buch veröffentlicht. Die wiederholten Fragezeichen in den selbstgesprächsartigen Aufzeichnungen vom November 1962 zeigen, wie unsicher Vesper in seinen Plänen noch immer war. Zu den beiden erwähnten Zeitschriften knüpfte er tatsächlich Kontakt, abgedruckt wurden dort aber, entgegen einer brieflichen Ankündigung, keine Texte von ihm.[145] Ebensowenig wurde aus der geplanten Veröffentlichung der anderen Texte etwas.

Der Titel des einen Manuskripts, „Wind und bittere Olive", verweist auf die vorangegangene Spanienreise, von der Vesper die Idee zu einem Übersetzungsprojekt mitbrachte, aus der schließlich seine erste eigenständige Buchveröffentlichung werden sollte. Vermutlich auf der Spanienreise vom Herbst 1962 (möglicherweise aber auch bereits im Jahr zuvor) hatte Vesper die Gedichte des spanischen Lyrikers Gerardo Diego kennengelernt und zu übersetzen begonnen. Er hatte persönlich, wenn auch vielleicht nur in Form von Briefen, Kontakt mit dem Autor aufgenommen und sich in professioneller Manier die Übersetzungsrechte an den Texten gesichert.

Nachdem Vesper seine Übersetzungen unter anderem an den Luchterhand Verlag geschickt hatte, schrieb er einen wenig mehr als halbstarken Brief an seinen Freund und damaligen Luchterhand-Mitarbeiter Henner Voss, der seine ganz und gar ungenießbare und rücksichtslose Seite zeigt – auch wenn er als verärgerte Reaktion auf die ‚Undercover-Aktivitäten' des Luchterhand-Lektorats vielleicht etwas schärfer als üblich ausgefallen und daher ein Stück weit entschuldbar sein mag: „Übrigens hat sich Euer neckischer Verlag in einer Anwandlung von Naivität und Größenwahn ja was Nettes ausgedacht: ich offerierte seinerzeit meine Diego-Übersetzungen, als man bei Euch im Lektorat noch fragte: wer das denn sei! Und jetzt scheint doch irgendjemand die Idee zu haben, Luchterhand hätte auch nur die geringsten Rechte! Weil offenbar der etwas spanischvertrottelte Diego fortgab, was er nicht mehr besaß: das Optionsrecht! Das habe ich nämlich längst, schwarz auf weiß. Deutsch und spanisch für ganz Deutschland und das Gesamtwerk. […] Abgesehen davon, daß es reichlich unanständig, einen von mir entdeckten Autor zu kapern: gut, das mag noch Geschäftsbrauch sein. Aber zu meinen, ich gäbe einen solchen Fund bekannt, ohne mir vorher die Option gesichert zu haben, grenzt an Naivität."[146]

Man fühlt sich bei diesem zynischen Tonfall doch sehr an die Sprache der Macht erinnert, die Vespers Vater mit trauriger Vollkommenheit beherrscht hatte, wie man auf etlichen Seiten der *Neuen Literatur* nachlesen kann. Es geht hier wieder einmal ganz und gar um den smarten Bernward Vesper, und nicht um den „etwas spanisch-vertrottelten“ Gerardo Diego, ohne dessen bedeutendes Werk sein Übersetzer selbstredend mit leeren Händen dastünde. Gerardo Diego war damals bereits über sechzig Jahre alt, gehörte also fast noch der Generation Will Vespers an. Es ist nicht einmal auszuschließen, dass Bernward Vesper den spanischen Dichter vielleicht auf Anregung seines Vaters aufsuchte oder las, der ja ebenfalls Kontakte mit Spanien gehabt hatte. Bernward Vesper übersetzte für seine Auswahl vor allem Gedichte aus dem Frühwerk Diegos, die allesamt der poésie pure verpflichtet sind und damit Vespers eigenen Gedichtversuchen nahe standen. Wegen dieser Ähnlichkeiten entsteht bei der Durchsicht des Marbacher Nachlasses auch immer wieder eine gewisse Verunsicherung, ob man es bei bestimmten Gedichtfragmenten mit Diego-Übersetzungen oder mit lyrischen Versuchen Vespers zu tun hat.

Die Ausgabe der Gedichte Diegos in der Übersetzung Bernward Vespers erschien dann als zweite Publikation des studio neue literatur im Winter 1964 bereits in Berlin. Die ersten Pläne, einen kleinen avantgardistischen Verlag zu gründen, fassten Vesper und Ensslin gemeinsam im Spätherbst 1962, also noch parallel zum Projekt der Zeitschrift TRIAS, das Vesper nach wie vor mit Henner Voss verfolgte.

Diese Verlagsidee hat eine kleine Vorgeschichte bzw. überschneidet sich mit einem anderen Verlagsprojekt. Bereits im August 1962 hatte Vesper an Henner Voss geschrieben: „Ich werde übrigens doch einen kleinen Verlag nebenher betreiben ‚Privat-Presse‘; jedes Jahr ein – 1 ½ Titel machen; ohne jedes Risiko.“[147] Im Privat-Verlag Triangel waren bislang einige Bücher Will Vespers im Selbstverlag erschienen; sein Sohn versuchte nun, durch eine kleine Namensveränderung einen

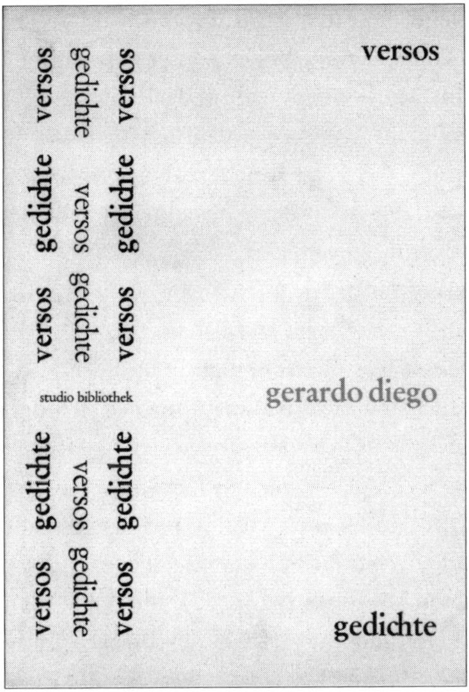

Umschlag der von Bernward Vesper übersetzten Diego-Ausgabe, die 1964 als zweite Publikation des studio neue literatur herauskam

neuen Verlag daraus zu machen. In welch unterschiedliche Richtungen das Verlagsprogramm ausgerichtet sein sollte, zeigt ein weiterer Brief an Voss, in dem der Verlagsname in Kleinschreibung erscheint: „Im nächsten Jahr werde ich in der privatpresse wahrscheinlich einen Band von Wilhelm von Scholz oder Hans Henny Jahnn veröffentlichen.“[148] Welch eine Alternative!

Gegensätzlicher könnten zwei Autoren wohl kaum sein. Wilhelm von Scholz, der epigonale, konservativ-nationale Idyllenschreiber und Hans Henny Jahnn, der einzelgängerische, bildmächtige Spracherneuerer werden hier beiläufig im gleichen Satz genannt – das zeigt erneut Vespers Anliegen, disparate Literaturströmungen, für die er aus unterschiedlichen Gründen Sympathien hegte, zu vereinen.

Man könnte natürlich auch sagen, es war rein kaufmännisches Denken, das Vesper zu solch abenteuerlichen Konstruktionen trieb. Denn so könnte man potentielle Käufer aus den unterschiedlichsten Lagern finden, mag er sich dabei gedacht haben. Aber letztendlich hatte er die gleiche Strategie auch bei der Zeitschrift TRIAS vor. Bezüglich einer geplanten Umfrage in der Zeitschrift schrieb er an Voss: „Obwohl es ein alter Trick ist, glänzen in allen Zeitschriften Umfragen besonders, siehe ZEIT, die jede Woche drei drin hat. [...] Dann sollte man von links nach rechts, von klein nach groß durchfragen: Jünger, Gaiser, Kurt Ziesel!!, Kurt Hiller, Hans Baumann, Krämer Badoni, Sieburg, dann Jens, Reich-Ranicki, Koeppen, Kreuder, (halt Gruppe 47 + Anhang) ein paar Österreicher und Schweizer, Papa Heuß und Heinrich Böll (!!!!), usw.“[149] Autorennamen aus gegensätzlichen Lagern, die Aufsehen erregen würden, wie etwa der am rechten Rand operierende und damals in den entsprechenden Kreisen als Enthüllungsjournalist geltende Kurt Ziesel, neben dem beispielsweise, als Gegenpol, Heinrich Böll genannt ist, gehörten also auch zum von Vesper vorgeschlagenen Konzept von TRIAS. Wobei an obiger Reihung auffällt, dass Vesper zunächst die konservativen, rechten Autoren nennt und dann erst die ‚progressiven'.

Zum TRIAS-Projekt noch eine kurze Anmerkung: Henner Voss plante damals neben der gemeinsamen Zeitschrift noch die Gründung eines TRIAS Verlags, wovon Vesper ihm aber abriet, da „wir […] mit der Zeitschrift alle Hände voll zu tun haben [werden]“[150]. Offensichtlich meinte Vesper hier im Gegensatz zu seinem Freund im Genuss von Sonderrechten zu sein, gab er diesen Ratschlag doch in einem Brief, in dem er selbst von seinen ambitionierten Verlagsplänen berichtete.

Im Januar 1963 stellte sich heraus, dass auch aus dem Zeitschriftenprojekt TRIAS nichts werden würde, was bei Voss und Vesper eine tiefe Frustration und Enttäuschung auslöste. In dieser Situation schreibt Gudrun Ensslin einen aufmunternden Brief an Henner Voss, der einige Details über ihr damaliges Dußlinger Leben verrät:

> „Lieber Henner,
> gestern nacht hab’ ich mir überlegt, wen ich gern besuchen würde, wenn ich viel Geld und weniger Zeit hätte. Dich zum Beispiel. Wir reden manchmal von Dir. Im Grunde geht es uns ziemlich beschissen (Verzeihung; ich wahre sonst alle Formen – Plagiat, wenn Du Dich entsinnst)
> Ein für allemal: das mit Trias tat Dir nicht leider als Bernward und (gebührender Abstand) mir. Sei nicht sentimental Henner, bitte. Würdest Du uns rausschmeißen, wenn wir kämen irgendwann? An den Gedanken kann ich mich sehr schlecht gewöhnen, viel weniger die Tatsache ertragen. Also frage ich.
> Ein anonymer Mensch spielt für G. Ensslin, Dußlingen, Toto od. Lotto, weiß der Teufel, ich kenn’ mich da nicht aus. Ich hoffe von Freitag zu Freitag und hab’ so meine Träume. Einer: wenn der Spieler mal sehr Glück hat, machen wir mit Henner eine große Gin-Whisky-Tour durch kleine Kneipen.
> Adios. Herzliche Grüße auch von Bernward
> – Gudrun.“[151]

Der Brief belegt zum einen, dass Gudrun Ensslin offensichtlich einen anonymen Verehrer hatte, der ihr zu etwas Geld verhelfen wollte, zum anderen ersieht man aus der verqueren Art, wie Ensslin darüber schreibt, aber auch, wie sehr die beiden finanziell am Ende waren. Beides bestätigen Aussagen ihrer

Wirtin Marie Klett, dass das junge Paar stets knapp bei Kasse war und dass Gudrun Ensslin von den Menschen ihrer Umgebung gemocht wurde.

Ob Gudrun Ensslin bei den erwähnten Plänen zum Privat-Verlag bzw. zur privat-presse Triangel beteiligt war, ist mit den mir zugänglichen Materialien nicht explizit belegbar, darf aber angenommen werden. Ein Indiz dafür wäre eine eigenartige Briefbogen-Mimikry: Gudrun Ensslins Briefpapier, das sie noch Jahre später verwendete, ist genau in der gleichen Schrifttype und in ähnlichem Layout gesetzt wie das Briefpapier der privat-presse Triangel. Vermutlich wurden beide Anfang August 1962 entworfen, als Ensslin erstmals auf Gut Triangel zu Besuch war. Man mag einwenden, dass das aus Gründen der Sparsamkeit geschah – wenn bei der gleichen Druckerei zwei Briefpapiere in Auftrag gegeben werden, wird es bekanntlich etwas billiger als bei nur einem Auftrag. Auffällig bleibt diese Anlehnung dennoch, da sie als Hinweis darauf gesehen werden könnte, wie sehr sich Gudrun Ensslin mit den Verlagsplänen ihres Freunds identifizierte.

Vermutlich weil Vesper noch andere Pläne mit der privat-presse bzw. dem Privat-Verlag Triangel hatte (nämlich die Werke seines Vaters herauszugeben) entschieden Gudrun Ensslin und Bernward Vesper während der Spanienreise im Herbst 1962, ein weiteres Projekt, den „studentischen arbeitskreis für neue literatur“ ins Leben zu rufen, der als Kontaktadresse dann diejenige Gudrun Ensslins nennt. Mitte November schicken sie gemeinsam (oder auch Gudrun Ensslin allein – das ist bei den maschinengeschriebenen Briefen dieser Zeit oft schwer zu entscheiden) einen Text zur Schaltung einer Anzeige im Börsenblatt des Deutschen Buchhandels: „studentischer arbeitskreis für neue literatur sucht für seine publikationsfolge ‚seria nova' (prosa, lyrik, grafik, polemik) einen verleger. In frage kommt ein gänzlich unabhängiger verlag, der über eine wirksame werbung verfügt. [...] die redaktionelle, auf wunsch auch die herstellerische arbeit wird vom arbeitskreis übernommen, der von jedem band 1000 exemplare fest übernimmt."[152] Der Name Gudrun Ensslins als Kontaktperson wurde wohl auch deshalb gewählt, weil Vesper zu dieser Zeit noch wegen der Zeitschrift TRIAS zum Teil mit den gleichen Verlagen in Kontakt war, die auch als Partner für den „arbeitskreis" in Frage kamen.

Der Verlag Bärmeier und Nikel meldet sich im Februar 1963 auf die Anzeige hin und bittet um eine detailliertere Beschreibung der Pläne. Der Antwortbrief wurde Gudrun Ensslin vermutlich von Vesper in die Schreibmaschine diktiert; am Ende des Briefs steht jedenfalls „i.A./Gudrun Ensslin". Nach einer anfänglichen Sympathiebekundung für die Satirezeitschrift *Pardon*, die bei Bärmeier und Nikel erschien („von der Straußnummer habe ich privat zahlreiche Exemplare in alle Winde versandt") präzisiert der Brief die Pläne des „arbeitskreises": „Naturgemäß wird es sich nicht um Bücher handeln, die in das landläufige Schema bundesdeutscher Literatur passen. Konkreter, – wir fördern unter Umständen auch Autoren, wenn sie rechts oder links über die Schablone hinausragen." Geplant sei zunächst eine Gesamtausgabe der Gedichte von Georg Forestier. „Als 2. Band haben wir, da Forestier in gewissem Sinne von der Rechten herkommt (obwohl er ‚links' steht!) einen Band vorgesehen: Wider die Dummheit und den Krieg (Arbeitstitel), den der junge, z.Zt. in Rom lebende Grafiker Christoph Meckel herstellen wird – vielleicht samt Text, vielleicht wählen wir dafür einen anderen Autor, vielleicht einen Ausländer. [...] Das Prinzip der gänzlichen Unabhängigkeit von jeder politischen Meinung (solange man uns nicht Intolerantes,

Hetzer, Hasser, ‚Antis-um-jeden-Preis' anbietet) wollen und müssen wir wahren, wenn wir unsere Existenzberechtigung bewahren wollen."[153] An einen anderen Verlag, der ebenfalls Interesse anmeldet, heißt es ganz ähnlich, man wolle Bücher machen, „gleich ob links oder rechts, oben oder unten, lila, rot, grün o.ä. Wir wollen nicht dekretieren, sondern stimulieren, nicht eine Weltanschauung vertreten, es sei denn, die, daß es Freiheit nur dort gibt, wo man auch von ihr Gebrauch macht. [...] Wir haben Lust am Experiment. Das ist wohl der einzige Zusammenhalt unserer äußerst gegensätzlichen Freunde:"[154] Bärmeier und Nikel scheint am Konzept und den Ideen des studentischen „arbeitskreises" Interesse zu haben und einige Vertreter des Verlags bieten ein persönliches Gespräch an. Im Lauf des Frühjahrs 1963 scheint die Idee einer Zusammenarbeit aber nicht konkreter geworden zu sein, denn schließlich entscheiden Vesper und Ensslin, die Bücher des studio neue literatur, wie es sich jetzt nennt, selbst drucken zu lassen.

Es ist wiederholt und zu Recht darauf hingewiesen worden, dass der Name des studios an Will Vespers Zeitschrift *Die Neue Literatur* erinnere, was aber nach allem Gesagten über die Kontinuitäten im Vater-Sohn-Verhältnis nicht überrascht, sondern nur die konsequente Fortsetzung einer langen Reihe von Berührungs- und Anknüpfungspunkten ist. Der Vater sollte eben auch in diesem neuen und seinem eigenen literarischen Werk teils sehr fremden Umfeld weiterleben. So ist es auch nicht weiter verwunderlich, dass Vesper und Ensslin für das Verlagsprogramm das angedeutete breit angelegte politische Spektrum von links bis rechts planten, letzten Endes wohl auch, um ‚alte Kameraden' des Vaters (und damit eben auch diesen selbst) wieder salonfähig zu machen. Das von vielen Freunden und späteren Kommentatoren als links wahrgenommene Verlagsprofil (im Gegensatz zur ‚rechtslastigen' Herausgabe der Werke des Vaters, von der noch die Rede sein wird) war von Anfang an ‚offener' angelegt, als es viele wussten oder wahrhaben wollten. Vesper selbst nennt diese Zeit in der *Reise* „die liberal-pazifistische Phase" (582), womit er wohl seine sehr weitgehende ‚Toleranzhaltung' gegenüber rechten Kreisen andeuten und zugleich kaschieren wollte. Denn die meisten Leser der *Reise* dachten vor dem Horizont der überwiegend an linken Idealen orientierten Gesellschaftsverhältnisse der 70er-Jahre wohl eher, es sei bereits „liberal" gewesen, ‚bürgerliche' Schriftsteller wie etwa einige Mitglieder der Gruppe 47 zu hofieren. Von noch immer vorhandenen Kontakten Vespers zu rechten Autoren ging wohl kaum einer der damaligen Leser aus, zumal Vesper u.a. durch die Herausgabe der für die APO so wichtigen Voltaire-Flugschriften ja bereits zu einer linken Ikone geworden war, der man solch eine Vergangenheit kaum zugetraut hätte.

Die Korrespondenzanschrift des studio ist seit dem Frühjahr 1963, nachdem zuvor immer der Dußlinger „Hirsch" angegeben war, das elterliche Pfarrhaus Ensslin in der Wiesbadener Straße 76 in Cannstatt. Dies legt die Vermutung nahe, dass Gudrun Ensslin den Großteil der Briefpost für das studio erledigte. Im Frühjahr 1963 verließ sie Dußlingen, um, wohl auf Druck ihres Vaters, an der Pädagogischen Hochschule in Schwäbisch Gmünd eine einjährige Zusatzausbildung als Volksschullehrerin zu absolvieren. In einem Brief an Rose Vesper, die Mutter Bernward Vespers, schreibt sie über ihre ersten Tage in Schwäbisch Gmünd: „So vieles war im Zusammenhang mit meiner Aufnahme hier an der Pädagogischen Hochschule zu erledigen. Gmünd ist zwar eine Stadt, die einem gefallen kann; zahlreiche alte Gebäude (Gmünd ist eine Staufer-Gründung), wirklich zauberhafte Winkel im alten Zentrum der Stadt.

Trotzdem mag ich es nicht so recht. Und ich weiß schon: es liegt daran, daß mir der begrenzte Hochschulbetrieb nicht recht ist; die größtenteils jüngeren Studiengenossen, die bestimmt gute und ‚berufene' Volksschullehrer werden. Mich kostet dieses Jahr doch einige Überwindung, dann später in aller Ruhe und ohne Examenshetze u. mit dem Bewußtsein, immerhin schon einen Beruf zu haben, wird mir dieses eine Jahr versüßen!"[155] Entsprechend lustlos scheint sie das Jahr in Schwäbisch Gmünd dann auch absolviert zu haben, wie ihre mäßigen Abschlussnoten vermuten lassen. Nur in den theoretischen Fächern „Philosophie und Geschichte der Pädagogik", in „Soziologie und Politik" sowie auch noch in „Werken" erreichte sie „gut". Aus den Unterlagen des Oberschulamts erfährt man zudem, dass sie Violine spielte.[156] Ihr Interesse schien seit ihrer Tübinger Zeit aber insgesamt doch eher in Richtung Wissenschaft bzw. Fortführung und Ausbau des gemeinsamen Verlags zu gehen. In diesem Gmünder Jahr hat sich bei ihr dann wohl auch die Idee herauskristallisiert, eine Dissertation über Hans Henny Jahnn zu schreiben, sollte sie endgültig in die Studienstiftung des Deutschen Volkes aufgenommen und ihr dieses Projekt damit finanziell ermöglicht werden – eine Entscheidung, die noch immer ausstand.

Gudrun Ensslin wohnte zunächst in Schwäbisch Gmünd, scheint dann aber recht bald nach Cannstatt ins elterliche Pfarrhaus umgezogen zu sein, da Gmünd auch mit der Bahn gut zu erreichen war und die Zugfahrkarten vermutlich weniger kosteten als die Zimmermiete an ihrem neuen Studienort. Bernward Vesper war indessen allein in Dußlingen zurückgeblieben und setzte sein Studium in Tübingen fort. In den Sommersemesterferien unternahmen sie eine gemeinsame Reise nach Ibiza, die aber nur drei Wochen dauerte, da Gudrun Ensslin wegen erforderlicher Schulpraktika nicht länger Zeit

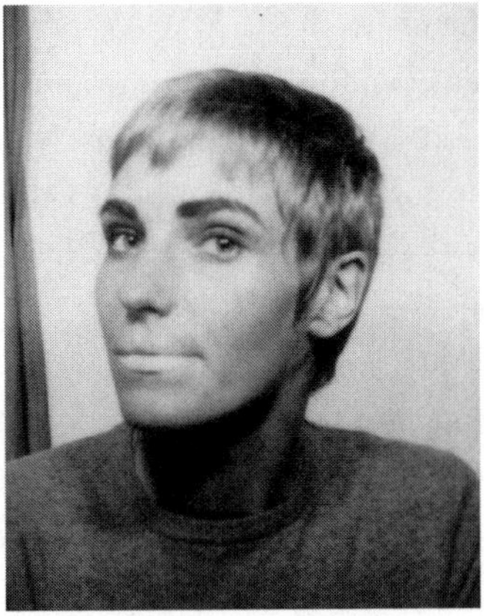

Passbild Gudrun Ensslins aus ihrer
Oberschulamtsakte, ca. 1963

hatte. In diesem Sommer berichtet Vesper seiner Mutter, er werde bei der vom Tübinger Germanisten Ernst Zinn herausgegebenen Kassner-Werkausgabe einer von vier Mitarbeitern sein. Außerdem plane er für den Herbst beim Südwestfunk ein Praktikum, wo er bei einem Hörspiel die Regieassistenz übernehmen könne, woraus dann aber nichts wurde. Immer wieder plagten ihn während dieser Zeit auch gesundheitliche Probleme, die vielleicht zum einen durch die hohe Arbeitsbelastung kamen, der er sich ständig aussetzte, zum anderen aber auch von den nicht aufgelösten Widersprüchen seiner verschiedenen Betätigungen herrühren mochten. Einer der größten Widersprüche seiner damaligen Existenz war sicherlich die Verantwortung, die er für das Werk seines Vaters übernehmen zu müssen glaubte, obwohl ihn andererseits die Autoren der Gruppe 47 faszinierten, von denen immer wieder einzelne auf Einladung von Walter Jens in Tübingen lasen.

Wie bereits erwähnt, hatte Will Vesper seinem Sohn auf dem Sterbebett das Gelöbnis abgenommen, er möge die Verantwortung für sein Werk übernehmen. Mit Erscheinen des Bandes *Letzte Ernte* kurz nach dem Tod des Vaters war ein erster Schritt zur Erfüllung dieses Gelöbnisses getan. Bereits 1960, also zwei Jahre vor dem Tod seines Vaters, hatte Bernward Vesper mit verschiedenen Verlagen, unter anderem mit Brockhaus und Mohn, Kontakt aufgenommen, um die Werke Will Vespers herauszugeben. Seit dem Sommer 1962 betrieb Bernward Vesper die Edition der Gesammelten Werke Will Vespers forciert. Aber der Plan einer Gesamtausgabe zögerte sich durch die Suche nach einem geeigneten Verlag immer wieder hinaus. Einer der Verleger, mit denen Bernward Vesper in dieser Sache Verbindung aufnahm, war der Tübinger Fritz Schlichtenmayer, dessen gleichnamiger Verlag Ende der 50er-, Anfang der 60er-Jahre eine wichtige Rolle im Spektrum der rechtslastigen und offen reaktionären Verlage einnahm. Da Schlichtenmayer seine Entscheidung aber immer wieder hinauszögerte, fand Bernward Vesper schließlich mit Dr. Bertl Petrei einen österreichischen Verleger, der bereit war, eine Gesamtausgabe der Werke Will Vespers in sein Programm aufzunehmen. Der erste Band der Ausgabe wurde aber von Petrei nur auf Kommissionsbasis vertrieben, d.h. Bernward Vesper übernahm die Suche nach einer Druckerei und die Bezahlung der Druckkosten selbst. Lediglich ein Teil des Vertriebs lief, unterstützt durch Adressenlisten und Kundenkarteien aus dem Hause Vesper, über den Verlag Petrei. Die meisten Exemplare wurden aber schließlich von Gudrun Ensslin und Bernward Vesper von Cannstatt aus selbst versandt.

Mit Will Vespers *Geschichten von Liebe, Traum und Tod* erschien Mitte September 1963 der erste der auf sechs Bände angelegten Gesamtausgabe. Dieser Band blieb mangels Nachfrage

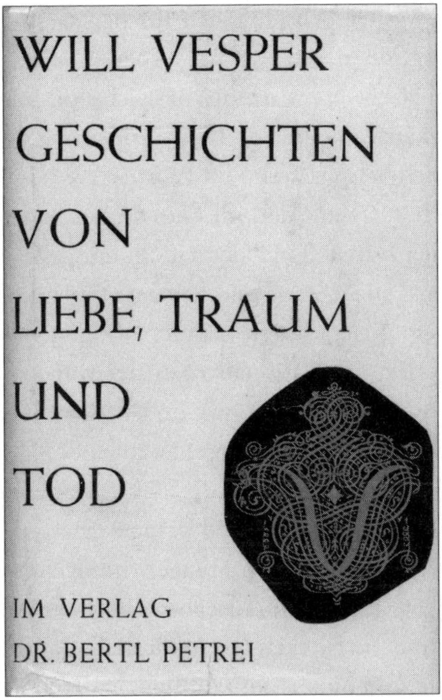

Der erste und einzige erschienene Band
der Gesammelten Werke Will Vespers

der einzige, der erschienen ist. Noch 1965 musste Bernward Vesper offene Druckrechnungen für dieses kommerziell missglückte Buch begleichen, nachdem er deren Zahlung wiederholt ‚verschoben' hatte. Die Idee, nicht nur aus Gründen der Pietät und als Einlösung eines Versprechens, sondern auch in der Hoffnung, Geld damit zu verdienen, die Werke des Vaters in einer Gesamtausgabe zugänglich zu machen, war spätestens zu diesem Zeitpunkt im wahrsten Sinn des Wortes Makulatur.

Bernward Vesper bemühte sich für den *Geschichten*-Band, neben Illustrationen von A. Paul Weber,[157] seit dem Sommer 1962 um ein Nachwort von einer möglichst bekannten Person, das der Werkausgabe eine gewisse Seriosität geben sollte. So wendete er sich beispielsweise im Februar 1963 an den Barockforscher Herbert Cysarz, der, wie es in dessen Antwortschreiben heißt, den geplanten Band der Gesamtausgabe wegen eines „Augenleidens“ nicht lesen und kommentieren könne. Cysarz, der nach dem Krieg wegen seiner vormaligen überzeugten Parteinahme für die Nationalsozialisten von der Universität München entlassen worden war und in den 60er-Jahren als gelegentlicher Beiträger für rechtsradikale Blätter wie die *Deutsche Nationalzeitung* und die *Soldatenzeitung* sozusagen ein Journalistenkollege Bernward Vespers gewesen war, schrieb trotz seiner eher zweifelhaften Absage ermutigende und kernige Worte: „Möchte die Gesamtausgabe bald unter guten Zeichen erscheinen und fortwirkenden Widerhall finden, solcherart über unser Interim hinaus auf künftiges Festland der Dichtung, des Geisteslebens gelangen!“[158] Dieser Satz atmet genau jenen Stallgeruch, mit dem Bernward Vesper in den 40er- und 50er-Jahren groß geworden sein muss. Die Bundesrepublik wurde demnach als eine historische Zwischenphase angesehen, die es zu überstehen galt, um danach wieder in einen glücklicheren Gesellschaftszustand eintreten zu können, der dann wohl so etwas ähnliches wie ein Viertes Reich sein sollte.

Nach einigem Hin und Her gewinnt Vesper schließlich den Germanisten Adolf von Grolman als Verfasser des Nachworts. Grolman ist ein alter Bekannter Will Vespers, der in den 30er-Jahren in dessen *Neuer Literatur* Aufsätze veröffentlicht hatte. Außerdem hatte er, nachdem das Elsass im Zweiten Weltkrieg von deutschen Truppen besetzt worden war, in seinem Band *Der Kampf am Oberrhein* an die ‚deutschstämmige Tradition‘

der Region erinnert. Dieser reaktionäre Band war 1941 im Hünenburg Verlag erschienen, der sofort nach der Besetzung des Elsass ins wieder deutsch gewordene Straßburg umgezogen war. Nach dem Krieg wurden im gleichen Verlag, wie bereits gesagt, einzelne Werke Will Vespers wieder aufgelegt. Der Verlagssitz auf Burg Stettenfels bei Heilbronn war von da an als Treffpunkt und Veranstaltungsort rechtsradikaler und reaktionärer Kreise bekannt. Hier fand beispielsweise am 11. Oktober 1962 eine Gedenkfeier zum 80. Geburtstag des verstorbenen Will Vesper statt.

Adolf von Grolman hatte es zunächst abgelehnt, ein Nachwort für den *Geschichten*-Band zu schreiben, da Will Vesper ihn, wohl wegen Grolmans kritischer Haltung gegenüber der NSDAP und der Kriegsführung Hitlers, als Autor fallengelassen und vielleicht sogar seinen 1943 erfolgten Ausschluss aus der Reichsschrifttumskammer mit unterstützt hatte. Bernward Vesper reagierte mit einer fast schon ins süßliche Idyll abgleitenden Schilderung seines Vaters: „Zu Ihrer persönlichen Stellung zu Will Vesper: Ihre Beziehungen wurden in einem Augenblick abgebrochen, als die politische Aktivität auf dem Höhepunkt stand. Will Vesper hat aber danach noch etwa 25 Jahre gelebt, die ihn noch einmal gänzlich gewandelt haben, und ich bedaure sehr, daß Sie nicht Gelegenheit hatten, ihn in den letzten Jahren seines Lebens zu sehen, wo er, ein Greis im schönsten Sinne, z. T. durch seine Leiden an sein Zimmer gefesselt, in großer Heiterkeit dahinlebte, nur dem Studium der Griechen und Römer zugewandt, und der Betreuung des Gutes (davon hatte er sich freilich schon längere Zeit hauptamtlich entbinden lassen) – und in jener versöhnlichen Stimmung, die irgendwie den großen kämpferischen Menschen im Alter verschlingt, der sich schließlich ergibt, von den Leidenschaften, die doch nur dieser Welt angehören, ablassend.“[159] Natürlich sind diese Zeilen ganz auf den Adressaten Grolman hin formuliert, aber dennoch: wie anders lesen sich dagegen die nur wenige Jahre später für die *Reise* geschriebenen Aufzeichnungen Bernward Vespers über seine Kindheit, in denen der Vater als unbeugsamer Tyrann und Machtmensch beschrieben wird.

Bei der Werbung für den *Geschichten*-Band nutzte Vesper alte, vertraute Netzwerke. Er schaltete, gemeinsam mit seiner Freundin Gudrun Ensslin, die ihn als Sekretärin auch in dieser Sache tatkräftig unterstützte, fast flächendeckend Anzeigen in der rechten Presse, um auf die Neuerscheinung hinzuweisen. Unter anderen wurde der *Bücherdienst* des rechtsradikalen Tübinger Verlegers Grabert als Werbeplattform und Vertriebsschiene genutzt. Schon bald firmierte die Cannstatter Anschrift Gudrun Ensslins auch als ‚Pressestelle' des Verlags Bertl Petrei – und als Versandlager, da von hier aus ein Großteil der bestellten Will Vesper-Bände verschickt wurde. In regelmäßigen Briefen unterrichtete Ensslin die Mutter Vespers über die Anzahl der verkauften Exemplare und bestellte bei ihr neues Werbematerial. Gudrun Ensslin hatte sich also völlig in den Vesperschen Familienbetrieb integriert. Als Kostprobe eines der Werbebriefe, mit denen Gudrun Ensslin und Bernward Vesper die Werke Will Vespers anpriesen, sei aus einer Buchbesprechung zitiert, die Gudrun Ensslin am 11. September 1963 an die Zeitung *Das Deutsche Wort* schickte:

„Liebe, Traum und Tod
Zum ersten Band der Gesamtausgabe der Will Vesper-Werke.
Eine Aufgabe für das nationale Deutschland!

Unbemerkt von der großen Tagespresse ist in diesen Tagen ein wichtiges Buch erschienen: der erste Band der Gesamtausgabe der Werke Will Vespers. Der mutige, junge Verlag Dr. Bertl Petrei, Maria-Rain/Kärnten, der auch Filialen in der Schweiz und in München unterhält, legt rechtzeitig vor der Frankfurter Buchmesse die

GESCHICHTEN VON LIEBE, TRAUM UND TOD vor (530 Seiten, Ganzleinengeschenkband mit Goldprägung, 16.80 DM) Das Werk enthält sämtliche Novellen des 1962 verstorbenen Schriftstellers Will Vesper, die bislang nur verstreut, an schwer zugänglichen Orten zu finden waren, und gibt damit dem Leser zum ersten Mal ein vollständiges Bild von dem Schaffen eines der liebenswertesten, unterhaltsamsten und geistreichsten Dichter, den Deutschland in diesem Jahrhundert besessen hat. Die zahlreichen kurzen Erzählungen, Novellen, Kurzgeschichten und Anekdoten, die der umfangreiche, sorgfältig ausgestattete und dabei sehr preiswerte Band umfaßt, sind ein Genuß für jeden, der sich durch modische Experimente und allzu grüblerische Haltung mancher modernen Autoren noch nicht den Genuß am Erzählten, an der Geschichte selbst, am spannenden Stoff hat nehmen lassen.
[…]
Will Vesper, der 1882 geboren, durch seine Anthologie „Die Ernte“ und seine Romane „Tristan“ und „Parzival“ schon früh über Deutschland hinaus bekanntgeworden ist, der schließlich ein mutiger Vorkämpfer junger deutscher Autoren in seiner Zeitschrift *Neue Literatur* wurde, hat mit vielen seiner Zeitgenossen das Schicksal des Vergessenwerdens geteilt. Eine neue Generation wuchs heran, die sich erst langsam einen Weg aus der Tagesmode zur deutschen Literatur gebahnt hat. Wenn ein Buch geeignet ist, junge Leser zu erfreuen, und auf die Existenz einer deutschen Literatur aufmerksam zu machen, dann ist es dieser Novellenband. (Obwohl hinzugefügt werden muß, daß die „Geschichten von Liebe, Traum und Tod“ alles andre sind als ein Buch, das man an Kinder verschenken sollte, aber für die „reifere“ Jugend gibt es nichts Saubereres, Liebenswürdigeres, Erheiternderes als die Liebesgeschichten, die in dem Teil „Porzellan“, einer der drei Unterabteilungen des Buchs gesammelt sind.)

Wie alle Bücher von Will Vesper wird auch dieses bald zu einem wahren Volksbuch werden. Dem Verlag ist es zu danken, daß er mit der Herausgabe der Gesamtausgabe, die von bedeutenden Literaturhistorikern, die kurze ausleitende Anmerkungen zu den einzelnen Bänden verfassen, betreut werden, einen Beitrag zur deutschen Literatur leistet, wie man ihn in dieser Großzügigkeit schon lange vermißt hat. Die Gesamtausgabe, – die Bände werden alle einzeln käuflich sein – wird vermutlich, neben allen Romanen, Erzählungen, Gedichten Will Vespers auch einen Band Briefe enthalten, auf den man besonders gespannt sein darf, da sich darin ein Stück deutscher Zeitgeschichte und Literaturgeschichte spiegeln dürfte. Will Vesper, der selbst lange in bedeutenden Verlagen arbeitete, der mit zahlreichen Schriftstellern, von Hermann Hesse, René Schickele, Josef Weinheber bis zu Hans Grimm, Paul Fechter, Knut Hamsun in Briefwechsel stand, war Zeuge einer langen Entwicklungszeit. Selbst aus dem Umkreis von Liliencron, Otto Julis Bierbaum und Richard Dehmel kommend, näherte er sich in den zwanziger Jahren – damals wohnte er in Meißen! – der Rechten, wurde Nationalsozialist, nicht ohne seine Meinung auch in der Zeit des Dritten Reiches offen zu sagen, war Mitglied der Preußischen Akademie für Dichtung – und kehrte, als die Zeitumstände ihm eine freie Arbeit nicht mehr gestatteten, auf den Acker zurück, von dem er, der Bauernsohn, der seine ersten Gedichte hinter dem Pflug schrieb, gekommen war. Zurückgezogen lebte er bei Hannover, mit der Kultivierung eines Moorgutes beschäftigt, – nur von Zeit zu Zeit in Privatdrucken seine Freunde mit neuen Arbeiten beschenkend.

[…] Man kann dem mutigen Verleger und dem ganzen Unternehmen nur Glück wünschen. Mögen die „Geschichten von Liebe, Traum und Tod" zahlreichen Lesern Freude bereiten. (Übrigens, als Geheimtip: das Buch wäre das Weihnachtsgeschenk für ihre lesenden Freunde!)

Das nationale Deutschland aber sollte seine Aufgabe darin sehn, diese Ausgabe zu unterstützen, damit der Versuch des Verlags nicht zum Scheitern verurteilt bleibt."[160]

Der Brief ist mit einem Begleitschreiben Gudrun Ensslins aus Bad Cannstatt an *Das Deutsche Wort* abgegangen, sieht also wie das Schreiben einer Journalistin aus, die eine Rezension zum Abdruck anbietet. In Wirklichkeit war Ensslins Cannstatter Adresse aber, wie bereits gesagt, zugleich die ‚Pressestelle' des Verlags Bertl Petrei in Sachen Will Vesper, für den hier in hymnischen Tönen ein Lobgesang angestimmt wird. Christian Schultz-Gerstein hat in seinem *Spiegel*-Artikel von 1979 bereits kurz aus dieser Rezension zitiert, um damit auf Gudrun Ensslins nationalistische Vergangenheit hinzuweisen.[161] Die Sache wird aber doch etwas komplexer, wenn man sich die Buchbesprechung genauer anschaut. In ihr sind handschriftliche Korrekturen Vespers eingetragen, und auch gewisse Eigenheiten der Schreibweise deuten auf Vesper als Verfasser hin. Das würde aber nichts anderes heißen, als dass Gudrun Ensslin unter ihrem Namen ein Schreiben ihres Freunds verschickt, um diesen zu ‚decken', denn Bernward Vesper konnte als Sohn Will Vespers wohl kaum davon ausgehen, dass ein solcher Artikel, wenn er mit seinem Namen gezeichnet wäre, die gleiche Wirkung entfalten würde. Auch stiege so die Wahrscheinlichkeit, dass er wegen Befangenheit nicht gedruckt würde. Aus dieser Buchbesprechung ist das gesammelte Wunschdenken des Paars Vesper/Ensslin bezüglich Will Vespers abzulesen: Will Vesper wird beschrieben als einer „der liebenswertesten, unterhaltsamsten und geistreichsten Dichter, den Deutschland in diesem Jahrhundert besessen hat", der auch mit Linken wie René Schickele in Verbindung stand und mit seiner Zeitschrift *Die Neue Literatur* „ein mutiger Vorkämpfer junger deutscher Autoren" war. Andererseits schlagen sich der Stimmenimitator Bernward Vesper und seine Bauchrednerpuppe Gudrun Ensslin, die hier im Tonfall der rechtskonservativen Kritik sprechen, selbst ins Gesicht, indem ihr gemeinsames Kritiker-Alter ego seine Abscheu vor der ‚neumodischen' Literatur frank und frei formuliert – seien Will Vespers Novellen doch „ein Genuß für jeden, der sich durch modische Experimente und allzu grüblerische Haltung mancher modernen Autoren noch nicht den Genuß am Erzählten, an der Geschichte selbst, am spannenden Stoff hat nehmen lassen." An diesem Punkt ist die Janusköpfigkeit Ensslins und Vespers vielleicht am deutlichsten wahrzunehmen, verleugnet diese Anpreisung des Werks von Will Vesper doch vollständig ihre gleichzeitigen Bemühungen in Sachen studio neue literatur – wobei zu bedenken ist, dass auch dieses politisch nicht so eindeutig festzulegen ist, wie ja aus dem bisher Gesagten hervorgeht. Aber für ästhetische Experimente stand das studio allemal.

Wie weit die Selbstverleugnung zugunsten des Werks von Will Vesper gehen konnte, zeigt ein Schreiben Bernward Vespers an Wilfried Walter, in dem er auf dessen Vorwurf reagiert, er habe Kontakt zur Gruppe 47. In einem Brief vom 25. September 1963 hatte Walter, der in Neubiberg eine „Schriftenzentrale nationaler Jugend“ betrieb, Vesper angedroht, er werde nicht mit ihm zusammenarbeiten, wenn Bernward Vesper zu „dieser Vereinigung“ gehöre, „deren Hauptziel es ist, alles was anständig und sauber völkisch und deutsch ist, mit ihrem Fabrikton in den Schmutz zu zerren“. Resümierend heißt es in Walters Brief: „Will Vesper und Gruppe 47 sind 2 Begriffe, die einfach unvereinbar miteinander sind.“[162] Im Zusammenhang mit der Gruppe 47 wird von Wilfried Walter auch Walter Jens genannt. Vesper, der Angst hatte, dass ein wichtiger Vertriebszweig für die Werke seines Vaters wegbrechen könnte, rechtfertigte seine Verteidigung von Jens (dies bezieht sich wohl auf das bereits zitierte Jens-Portrait Vespers in der *ZEIT* vom 14. Juli 1961), verleugnet aber jeglichen persönlichen Kontakt mit ihm: „Ich kannte Jens nicht persönlich, hatte überhaupt keinerlei Verbindungen zu ihm“,[163] wobei er einräumt, dass er dessen Vorlesungen besucht habe. Was angesichts des *ZEIT*-Artikels, der den Besuch einer Jens-Vorlesung beschreibt, ja auch schwer zu leugnen gewesen wäre.

Vesper und Ensslin haben noch weitere Ideen, wie man der Werkausgabe Will Vespers zu mehr Aufmerksamkeit verhelfen könnte. Sie schicken den *Geschichten*-Band an Gegner und Kritiker Will Vespers, denn, wie Bernward Vesper zynisch an Adolf von Grolman schreibt: „Ich schicke den Band auch an die schärfsten Anti-Vesper: die machen durch ihr Geschrei die beste und die billigste Reklame."[164] Einer dieser Adressaten ist Walter Jens, dem er Ende September 1963 die *Geschichten von Liebe, Traum und Tod* mit der Bitte zukommen lässt, darauf „in irgendeiner Zeitung oder im Funk" einzugehen – „ein gekonnter Verriß ist mir lieber als das Geschrei vieler Leute".[165] Auch an seinen Tübinger Soziologie-Professor Ralf Dahrendorf schickt Vesper den *Geschichten*-Band. Dieser reagiert etwas erstaunt, aber freundlich korrekt: „Ich wußte gar nicht, daß es sich dabei um Ihren Vater handelt und bin umso interessierter an dem Werk."[166] Nicht ganz so freundlich reagierten verständlicherweise andere Adressaten, waren Vesper und Ensslin in ihrer Berechnung doch taktlos und unverfroren genug, den Band des verbohrten Antisemiten Will Vesper auch an jüdische Organisationen und Autoren zu verschicken. So senden sie beispielsweise Besprechungsexemplare der *Geschichten* an Schalom Ben-Chorin und an Moscheh Ya-akov Ben-Gavriêl. Ben-Gavriêl antwortet: „Ich halte es für eine [...] ausserordentliche Geschmacklosigkeit einem jüdischen Publizisten das Werk eines Nazis [...] zu schicken" und lässt es „mit gewöhnlicher Post" an den Absender zurückgehen.[167] Etwas scheinheilig heißt es im Antwortschreiben der ‚Pressestelle': „Wir teilen die politischen Ansichten, die Will Vesper etwa 10 Jahre seines 80-jährigen Lebens vertrat, in keiner Weise, und bedauern und bekämpfen sie, wo wir können."[168] Kritisch reagierte auch das Israel-Forum auf die Zusendung des Will Vesper-Bands: „Es ist unbestreitbar, daß [Will] Vesper die Verfolgung jüdischer und nicht parteitreuer nichtjüdischer Künstler in vorderster Linie mit betrieben hat".[169] Fast schon amüsiert notiert Gudrun Ensslin auf diesen Brief für Bernward Vesper den folgenden Kommentar: „Voilà! Nur nicht aufregen!" So ‚locker' konnte man also auch mit dem ‚Spiel' um Antisemitismus und Nationalsozialismus umgehen. Die Vokabel ‚Spiel' wurde hier mit Bedacht gewählt, denn man wird zuweilen den Gedanken nicht los, dass Vesper und Ensslin ihr Lavieren zwischen gegensätzlichen politischen Lagern und ästhetischen Positionen als ein spannendes und manchmal auch spaßiges Strategiespiel vor nicht ganz realer Kulisse auffassten.

Weniger Spaß verstand Bernward Vesper allerdings, wenn er mit ernstzunehmender – und geschäftsschädigender – Kritik am Werk seines Vaters konfrontiert wurde. Im Sigbert Mohn Verlag war im Herbst 1963 der von Joseph Wulf herausgegebene Dokumentenband *Literatur und Dichtung im Dritten Reich* erschienen. Vesper hatte im Oktober 1963 davon erfahren und bat seinen Freund und Buchhandelsschulkameraden Ulf Miehe, der inzwischen bei Mohn arbeitete, ihm ein ermäßigtes Exemplar zukommen zu lassen. Als Grund für die Ermäßigung solle Miehe „verwandtschaftliche Beziehungen" zu jemandem, der im Band erschienen sei, angeben.[170] Der noch immer lesenswerte Dokumentationsband von Wulf enthielt unter anderem zwei Führergedichte Will Vespers und einige seiner Angriffe auf jüdische Verleger aus der *Neuen Literatur*, die seinem Sohn Bernward, der sich gerade darum bemühte, den Vater zu rehabilitieren, äußerst ungelegen kommen mussten.

In einem Brief wendet er sich wenig später aus Triangel an den Mohn Verlag: „Der Verwalter der Rechte aus dem Nachlaß von Will Vesper bat mich, an Sie zu schreiben" – eine eigenartige Selbstverleugnung, denn der ‚Rechteverwalter' war kein anderer als der Briefschreiber Bernward Vesper selbst. Schnell wird klar, dass Vesper mit finanziellen Forderungen wegen des nicht eingehaltenen Urheberrechts drohen möchte. Er fährt fort, Wulfs Werk enthalte Beiträge Will Vespers, die „ohne vorherige Nachfrage und Erlaubnis des Rechteverwalters abgedruckt wurden. An sich ist gegen den Nachdruck nichts zu sagen, wenn man auch eine wissenschaftliche Publikation dafür passender erachten muß als ein Tendenzwerk. Dennoch bitten wir [man beachte den plötzlichen Schwenk zum Pluralis Majestatis, M.K.] Sie freundlichst, mitzuteilen, auf welche Rechtsgrundlage sich ihr Vorgehen stützt. Wir sind besonders deshalb daran interessiert, weil wir aus dem Archiv von Will Vesper, welches Wulf ebenfalls offengestanden hätte, wenn es ihm um eine wissenschaftliche Arbeit gegangen wäre, einen Band ähnlicher Art herausgeben wollen. [Gemeint ist wohl der Briefband, den Bernward Vesper seit einiger Zeit plante, M.K.] Bislang scheiterten alle Bemühungen an dem geltenden Urheberrecht, welches den Nachdruck nur als Zitat erlaubt. [Diese Aussage ist nicht zu verstehen, da Bernward Vesper als Rechteinhaber ja jede Freiheit mit den Texten Will Vespers gehabt hätte, M.K.] Diese Bestimmungen gelten für den Wulfschen Text kaum, da seine Glossen nicht in dem vorgeschriebenen Verhältnis zum Nachdruck stehen. Wir bitten Sie um möglichst baldige Nachricht, welchen Gesetzen entsprechend der Nachdruck erfolgte.“[171] Dieser Brief klingt ganz so, als wollte Bernward Vesper aus einem gegen die Infamien des Nationalsozialismus gerichteten „Tendenzwerk“ auf Grund der darin abgedruckten antisemitischen und den Führer verherrlichenden Texte des Nazi-Autors Will Vesper noch etwas Geld herausschlagen.

Prekär war diese Sache für Vesper insofern, als er dem gleichen Verlag, dem er mit obigem Brief drohte, zu eben dieser Zeit unter dem Pseudonym Nikolas Michaels sein Manuskript „Das Ende des Aufstands, und andere Shortstories“ zugeschickt hatte.[172] Das ist eines der Beispiele dafür, wie Vesper unter verschiedenen Identitäten mit dem gleichen Gesprächspartner verkehren konnte.

Parallel zur Herausgabe des Will Vesper-Bands liefen die Vorbereitungen für die Anthologie *Gegen den Tod. Stimmen deutscher Schriftsteller gegen die Atombombe*, die 1964, bereits in Berlin, als die erste Publikation des studio neue literatur erschien. Aus den Unterlagen, die mir zugänglich waren, ist nicht mehr klar nachzuvollziehen, wer die Hauptarbeit an dem Band übernommen hat. Da im Marbacher Vesper-Nachlass aber, abgesehen von einer Absage Albert Schweitzers, keinerlei Briefwechsel zur Anthologie erhalten sind, darf man wohl annehmen, dass die meiste Arbeit daran in Cannstatt (wo ja auch die offizielle Anschrift des studio war) und somit von Gudrun Ensslin geleistet wurde. Wobei Bernward Vesper sicherlich an den diesbezüglichen Korrespondenzen mitgearbeitet hat. Auch Henner Voss meint, dass Gudrun Ensslin wohl den Großteil der Arbeit an der Anthologie übernommen habe. Später firmierte aber Vesper im Impressum des Bandes als Herausgeber und schrieb das Vorwort, während Gudrun Ensslin demnach für die „Redaktion" verantwortlich war, was auch immer das genau heißen sollte. Bernward Vesper pendelte während dieser Zeit an den Wochenenden wohl immer wieder von Dußlingen nach Cannstatt, bzw. Gudrun Ensslin kam zu ihm nach Dußlingen, um den neuesten Stand der Zusendungen zu besprechen.

Im *Gegen den Tod*-Band ist eine ganze Anzahl bekannter Autoren vertreten, was zeigt, für wie wichtig die Frage der Atomwaffen damals erachtet wurde. In der studio-Anthologie, die „in memoriam Hans Henny Jahnn" erschien und damit einem der engagiertesten Atomwaffengegner der 50er-Jahre gewidmet ist, waren aber nicht nur Autoren wie Heinrich Böll,

Hans Magnus Enzensberger, Walter Jens, Erich Fried oder Nelly Sachs vertreten. Es hat sich, wie bereits öfter angemerkt wurde, auch ein Autor wie der HJ-Liederdichter Hans Baumann in den Band ‚verirrt'. Wobei ‚verirren' nicht die richtige Formulierung ist, denn Vesper und Ensslin haben ganz bewusst auch Autoren des rechten Spektrums in ihre Sammlung mit aufgenommen. Henner Voss, der zwischenzeitig Prosalektor des studio war, hatte sich bei Bernward Vesper im Vorfeld der Veröffentlichung darüber beschwert, dass auch solche Autoren aufgenommen werden sollten. Vespers Antwort lautete: „Daß einige Atombuch-Autoren Scheiße, ist klar. Jedoch: einige Leute haben nicht begriffen, daß in dieser Frage unter Leuten Einigkeit herrscht, die sonst divergieren. Wir wollen versuchen, einen Angriff von Rechts (Nationalzeitung z.B.) auf Baumann, Seidel, Forestier [die beiden letztgenannten wurden dann nicht in die Anthologie aufgenommen, M.K.] usw. zu erreichen."[173] – Was wiederum nach einer ähnlichen Werbestrategie klingt, wie sie Vesper und Ensslin auch beim *Geschichten*-Band versucht hatten, als sie jüdischen Autoren und Vereinigungen das Buch des Antisemiten Will Vesper zur Besprechung zugeschickt hatten. Diesmal sollte die Provokation jedoch genau in die entgegengesetzte Richtung gehen oder zumindest beiderseitig sein. Die Tatsache, dass sich überhaupt Autoren aus dem rechten Lager mit diesem Thema befassten, überrascht nur auf den ersten Blick, denn eine Atombewaffnung auf dem Gebiet der BRD und der DDR hätte eine Zementierung der deutschen Teilung bedeutet und das rief selbstverständlich auch nationalistisches Protestpotential auf den Plan. Dass es solch eine ‚Einheitsfront' gegen die Atombombe gab, die sich entsprechend in der studio-Anthologie versammelte, wurde auch vom Rezensenten der *Frankfurter Rundschau* so gesehen: „In diesem Band – der mit gutem Recht Hans Henny Jahnn gewidmet ist – hat eine an Zahl und Rang ansehnliche Gruppe von Schriftstellern ihre unzweideutige Meinung unzweideutig gesagt. Hier sind dezidierte Kommunisten mit ebenso dezidierten Antikommunisten; Juden mit Christen, [...] ganz und gar Unbekannte mit Arrivierten unter einem Dach."[174]

Bernward Vespers Vorwort zu *Gegen den Tod* ist mit „März 1964, Tübingen" datiert; ausgeliefert wurde der Band aber erst im Herbst 1964, als Vesper bereits in Berlin lebte. Die zweite und letzte Publikation, die im studio noch zustande kam, war, wie bereits ausgeführt, der Band mit Vespers Diego-Übersetzungen, der im Winter 1964, ebenfalls in Berlin, herauskam. Geplant waren für die erste Phase noch zwei weitere Titel, die aber nicht mehr erschienen. Dies war zum einen der Band *Unzucht im Codex* von Hans Hardtloff, ein Wiederabdruck aus den 20er-Jahren. Hardtloffs Buch richtete sich gegen die „Unmoral moralischer Gesetze" und konnte somit auch als Angriff auf den Kuppeleiparagraphen gelesen werden, der noch immer in Kraft war. Zweimal war Bernward Vesper selbst in Cannstatt davon betroffen, und aus diesem Grund „vor die Tür gesetzt" worden, wie sich Helmut Ensslin, der Vater Gudruns, äußerte.[175] Eine Spürnase bewies das studio bzw. wohl Bernward Vesper mit dem anderen geplanten Band, den *Ausgewählten Werken* von Carl Gustav Jochmann, einem zu Unrecht vergessenen Schriftsteller des frühen 19. Jahrhunderts. Vesper stieß auf Jochmann vermutlich durch den Abdruck von Walter Benjamins Jochmann-Essay und Jochmanns Text „Die Rückschritte der Poesie" in der Zeitschrift *Das Argument.*[176] Der eigentliche Wiederentdecker Jochmanns war aber Werner Kraft gewesen, der seinen Freund Walter Benjamin auf den unbekannten Autor mit der Bitte hingewiesen hatte, Benjamin möge nicht über Jochmann schreiben, da er, Kraft, selbst eine Publikation zu diesem Thema vorhabe – was Benjamin mit seinem Jochmann-Essay,

Die erste Publikation des studio:
Gegen den Tod vom Frühjahr 1964

der erstmals 1939 erschien, aufs Gründlichste missachtete. Dieser Zusammenhang wurde auch in einer Fußnote des *Argument*-Hefts kurz erläutert. Der studio-Band nun sollte laut Programmankündigung eine Einleitung Werner Krafts zu den *Ausgewählten Werken* Jochmanns bringen. In einer späteren Anzeige des studio heißt es dann, der Band würde mit einem Abdruck des Benjamin-Essays erscheinen. Aber wie aus dem Hardtloff-Band wurde auch aus der Jochmann-Ausgabe nichts, was Kraft, der bereits mehrfach eine Jochmann-Publikation versucht hatte, am 16. Dezember 1964 in seinem Tagebuch mit den enttäuschten Worten kommentierte: „Jochmann. Es ist wieder einmal aus. Aber ich habe meine Arbeit wieder gelesen. Unpublizierbar, gleichzeitig ungeheuer spannend. Nicht nur die Zitate.“[177] Vor diesem ganzen Hintergrund erscheint es besonders dreist und vor allem traurig, dass Vesper nur ein gutes Jahr später dem Süddeutschen Rundfunk einen Radio-Essay zu Jochmann anbot, der am 21. Februar 1966 gesendet wurde und den folgenden Titel trug: „Ein Klassiker der Demokratie: Carl August [sic!] Jochmann / wiederentdeckt von Bernward Vesper-Triangel“.[178] Vesper, der selbsternannte ‚Wiederentdecker‘ Jochmanns, erwähnt Werner Kraft und Walter Benjamin aus offensichtlichen Gründen an keiner Stelle seines Essays. Im gleichen Jahr erschien auch Krafts Essay „Carl Gustav Jochmann“ in der *Neuen Rundschau* und ein Jahr später in der sammlung insel der von Kraft herausgegebene Band *Carl Gustav Jochmann: Die Rückschritte der Poesie und andere Schriften.*

Bald nachdem Gudrun Ensslin Tübingen im Frühjahr 1963 verlassen hatte, um ihr Pädagogikstudium in Schwäbisch Gmünd zu absolvieren, lernte Bernward Vesper die Germanistikstudentin Elisabeth Albertsen kennen. Albertsen erinnert sich an die erste Begegnung: „Kennengelernt hatte ich ihn [...] im Sommersemester 1963. Das war [...] auf dem Flur des germanistischen Seminars, das sich damals noch im Hegelbau befand. Er trug einen schlecht sitzenden Nadelstreifenanzug mit Weste und Uhrkette, was sich angesichts verbeulter Cordhosenbeine und Nyltesthemden rundherum etwas befremdlich ausnahm. Der Name Vesper sagte mir nichts; von Will, dem Nazi-Barden, hatte ich nie gehört. Er lächelte nachsichtig und klärte mich auf. Blasiertes name-dropping, wobei er mir en passant einen verstümmelten Infinitiv mit ‚zu' korrigierte. Oder war es eine falsche Tempuswahl? Alles jedenfalls in einem überlegenen, forciert ironischen Ton. Nein, daß ich ihm spontan zugeneigt gewesen wäre, kann ich nicht behaupten, – eher düpiert, neugierig, amüsiert."[179] Über Vespers fehlende Lust, die Pflichtveranstaltungen an der Universität zu besuchen, schreibt sie: „Überhaupt schien er etwas planlos im Uni-Betrieb zu schwimmen, und, sei es nun intellektueller Hochmut, sei es Wettbewerbsscheu: das ‚Berechtigungsscheinemachen' war offensichtlich seine Sache nicht; nur widerwillig beugte er sich dieser ‚Diktatur'."[180]

Nach diesem ersten und einigen weiteren Treffen verlieren sich Albertsen und Vesper wieder für einige Monate aus den Augen, und erst im darauffolgenden Frühjahr ‚funkt' es dann nach einem gemeinsam überstandenen Autounfall richtig zwischen ihnen. Vesper erinnert sich in der *Reise* an das Gartenhaus Elisabeth Albertsens, „wo wir, nachdem wir uns im Cabriolet überschlagen hatten, aus lauter Freude darüber, dass wir noch am Leben und ‚alles sehen' konnten, uns verliebten" (267). Bernward Vesper hatte sich in der Zwischenzeit, „vielleicht unter Gudruns Einfluß, verändert. Das bürgerliche Outfit war Jeans und schwarzem Rolli gewichen, die herrensöhnchenhafte Arroganz gemindert, – ganz abgelegt hat er sie nie. Wer ihn näher kannte, spürte, daß sie etwas war, womit er Mißtrauen und Unsicherheit kaschierte […] In der Tat wechselten Phasen manischer Betriebsamkeit mit solchen lähmender Trauer; einmal war er kindlich offen und herzlich zugewandt, dann wieder kalt, vivisektorisch […] Entsprechend schwankte man zwischen Faszination und ängstlicher Abneigung. Nie war man vor Capricen, plötzlichen Verstimmungen bei ihm sicher; das machte den Umgang mit ihm unberechenbar und schwierig, – herausfordernd schwierig."[181] Dies deckt sich mit anderen Aussagen von Freunden Vespers, die meinten, man habe in seiner Gegenwart nie richtig entspannt sein können.

Bernward Vesper verschwieg ‚Elis' oder ‚Elischa', wie er Elisabeth Albertsen nannte, nicht, dass er mit Gudrun Ensslin zusammen war, und auch Gudrun Ensslin wusste von der Tübinger Gefährtin ihres Freundes. Elisabeth Albertsen, die dadurch verständlicherweise verunsichert war, erinnert sich: „Gudrun duldete es, daß ich mit Bernward befreundet war, schien es sogar zu fördern. Beide probten damals – Wilhelm Reich läßt grüßen – die offene Zweierbeziehung. Ergo: Kein Kapitalismus in der Liebe! – etwas, womit ich, zugegeben, meine Probleme hatte und [was ich] nahezu für eine häretische Heldentat hielt. Jedenfalls kam Gudrun eines Mittags in das kleine Gartenhaus auf dem Schloßberg, das ich damals bewohnte und sagte einfach: ‚ich wollte dich sehen'. Wir legten uns ins Gras und redeten bis in die Nacht: Sympathie auf Anhieb, Ähnlichkeit, (Leidens-) Gefährtenschaft, wobei sicher unser beider pfarrhäusliche Vergangenheit eine nicht geringe Rolle gespielt haben mag, – aber das ist eine andere Geschichte."[182] Dass die offene Zweierbeziehung Ensslins und Vespers sich damals schon auf Wilhelm Reichs Theorien oder auf Kapitalismuskritik bezogen hat, halte ich für nicht so wahrscheinlich, werden diese Argumente doch erst im Umfeld des Jahrs 1968 zum ideologischen Fundament der freien Liebe. Ich denke, dass zu dieser früheren Zeit eher Vorbilder wie Hans Henny Jahnn mit seiner Ugrino-Gemeinschaft oder Else Lasker-Schülers unkonventioneller, anarchischer Lebensstil für Ensslins und Vespers Versuch des Ausbruchs aus bürgerlichen Konventionen in Liebesdingen Pate gestanden haben mögen. Auch von der Androgynität Lasker-Schülers oder der Homosexualität und Suche nach Zweigeschlechtlichkeit bzw. Transsexualität bei Jahnn könnten sie fasziniert gewesen sein. Beide Autoren erwähnt Elisabeth

Elis im Garten am Tübinger Spitzberg, hinten links das Gartenhaus. Aufnahme um 1963/64

Albertsen denn auch in ihren Erinnerungen an Vesper und Ensslin: „Wir tauschten Bücher: ich gab ihnen Robert Musil, sie mir Hamsun und Hans Henny Jahnn, dessen bizarres Werk sie geradezu verschlangen und dessen heftige Sinnlichkeit und Morbidität eigene masochistische Neigungen zu spiegeln schien. Aber auch Else Lasker-Schüler war damals eine Art Leitbild für sie. Sie zitierten sie ständig, identifizierten sich wohl auch mit ihr: der großen Liebenden, – bis in den Tod."[183]

Wie weit die Identifikation mit ihren literarischen ‚Lebensvorbildern' gehen konnte, geht aus Albertsens Erinnerungen an Vesper in *Das Dritte* hervor, wo die erste Begegnung mit ihm folgendermaßen beschrieben wird: „Als sie [d.i. die Ich-Erzählerin, M.K.] ihn kennenlernte, trug er noch maßgeschneiderte Streifenanzüge, weiße Hemden, Westen, Uhrkette, Krawattennadel und Siegelring. Das war im germanistischen Seminar in T. [...] Sie unterhielten sich über Hans Henny Jahnn, dessen sinnlich barocke Sprachfülle er nicht müde wurde zu preisen, mit nicht immer rationalen Argumenten. Falls er einmal eine Tochter haben sollte, so sollte sie Signe heißen wie die ferngeliebte Frau in Jahnns ‚*Perrudja*'. Ob nicht sie [d.i. die Ich-Erzählerin, M.K.] ihm die Tochter gebären könne, ein Mädchen, schmalhüftig, mit langen Beinen?"[184] Signe war aber nicht nur eine Figur aus *Perrudja*, Hans Henny Jahnn hatte vielmehr tatsächlich eine Tochter mit diesem Namen. Vesper strebte also auch hier ein ‚identifizierendes' Nachleben der Existenz eines seiner literarischen Vorbilder an.

Elisabeth Albertsen erinnert sich, dass Ensslin und Vesper eine verschworene Gemeinschaft bildeten, die einen als Dritten oft außen vor ließ. Neben den Lasker-Schüler-Zitaten, die sie sich wie Bälle zuwarfen, gab es auch immer wieder spanische Satzfetzen, die vom anderen sofort verstanden wurden. „Es gab einen ganzen Kanon von Dingen, Worten, die symbolisch aufgeladen waren und nur dem Eingeweihten verständlich."[185] Dahin passen auch die Kosenamen Mo (für ihn) und Mies (für sie), die sie sich gaben und die aus einer Privatsprache stammen, die heute nicht mehr zu verstehen ist. Bei beiden gab es auch eine gewisse Fetischisierung von Gegenständen, d.h. Vesper legte z.B. Wert darauf, dass Ensslin zu einem bestimmten Treffen ein bestimmtes Kleid trug etc.

Ob oder in wie weit die offene Zweierbeziehung Vespers und Ensslins gleichberechtigt war, ist schwer zu entscheiden, da Ensslin nach außen als die Selbstsicherere von beiden auftrat, Vesper jedoch, wie es scheint, nach innen die dominante Rolle einnahm. Und das, obwohl auch Elisabeth Albertsen Gudrun Ensslin als eine Frau mit starkem Willen beschreibt, die experimentell gesinnt gewesen sei; sie habe sehr direkt ausgesprochen, was sie gedacht habe und habe überhaupt nichts ‚Weibchenhaftes‘ an sich gehabt. Masochismus sei bei beiden ein Element gewesen, das zuweilen auftauchen konnte; sie hätten dann Lust am Streit, am gegenseitigen Verletzenwollen und Verletztwerden gehabt. Wobei Vesper sich insgesamt gern als der Überlegene sah: „Ich hatte immer das Gefühl, Bernward betrachte Gudrun ein wenig als sein Geschöpf. ‚Ich hab verdammt hart an Gudrun gearbeitet‘, sagte er einmal zu mir. Er sei es gewesen, der ihr das Schwäbeln ausgetrieben habe, aber auch Vorurteile, sprachliche Leerformeln und Versatzstücke, Ungenauigkeit im Denken und Fühlen, – oder was er eben dafür hielt.“[186] Das klingt dann doch wieder sehr nach dem arroganten Bernward Vesper, der sich in der klassischen Männerrolle des überlegenen Belehrers von ihm angeblich intellektuell ohnehin unterlegenen Frauen wohlfühlt. Wie leicht diese Rolle anzukratzen war, wie leicht Vesper aus dieser scheinbaren Selbstsicherheit hinauszukatapultieren war, zeigt sich in vielen der schon fast um Liebe bettelnden Briefe, die er in den Monaten, die auf den Weggang nach Berlin folgten, an Elisabeth Albertsen schrieb. Gudrun Ensslin hatte begonnen, sich dem Berliner Schriftsteller Klaus Röhler mehr anzunähern als Vesper lieb sein konnte, und er sah, wie es scheint, die einzige Rettung aus dieser Verletzung in der Flucht zu einer anderen Frau. In Bezug auf Röhler scheint Vesper ernsthaftere Absichten bei Ensslin vermutet zu haben, da er in Tübingen damit einverstanden gewesen war, wenn auch sie Freunde hatte, die allerdings seinem Wunsch gemäß nicht ‚under degree‘ sein sollten. Diese Episode weist aber bereits über die Tübinger Zeit hinaus und ist somit nicht mehr Thema dieses Buchs.

Während der Tübinger Zeit besuchte Bernward Vesper Elisabeth Albertsen immer wieder in ihrem Gartenhaus am Schlossberg. Wenn sie nicht da war, brach er oft noch zu einem Spaziergang über den angrenzenden Tübinger Spitzberg auf, um sie dann vielleicht später in der Hütte anzutreffen. Dieser Gang war offenbar einer seiner Lieblingswege um Tübingen, der in der *Reise* dann als „hölderlinweg“ wieder auftaucht. Meist hinterließ er seiner Freundin Elis kleine Botschaften, d.h. auf Notizzettel geschriebene kurze Gedichte oder auch Passagen aus seinen Diego-Übersetzungen. In der *Reise* heißt es anlässlich eines späteren Besuchs in Erinnerung an diese Zeit: „[…] stieg auf den Solnhofener Platten zur ‚Hütte‘ hinauf, das Wagenrad, der Block unter dem Vordach, ‚BOTSCHAFTEN‘, aber ich hinterließ keine Spur, zog mich zurück, über den Pfad in den Wald …“ (269). Die „Botschaften“ waren oft schnell hingeworfene Zeilen, Fragmente zu Liebesgedichten, die beispielsweise wie folgt lauteten:

> „wo du wohnst hat ein
> Vogel die Zeiger von der
> Uhr gepickt
> im Winde flogen sie fort federleicht
> wo du wohnst ist kein Wasser
> tief unten der gelbe Fluß
> auf meinem Jochbein, nächtlich“

oder:

> „Ich habe dich gefangen du
> wilde, aber am abend
> am abend wurdest
> du eine klammernde Wurzel
> Ich habe dir
> ein wenig das Haar verkürzt
> Ich habe deinen Arm auf
> dem heißen Stein
> festgehalten
> meine Hand ging über deine
> Haut wie durch ein Baumwollfeld“.[187]

Das Gartenhaus auf dem Tübinger Spitzberg,
Aufnahme aus den 60er-Jahren

Er schenkte ihr einen Else Lasker-Schüler-Band und ein Buch seines Vaters, bezeichnenderweise einen Sammelband mit dem ‚Liebesroman' *Tristan und Isolde* in einer neuhochdeutschen Bearbeitung. Auch bei der Freundschaft mit Elisabeth Albertsen ist eines der literarischen Bezugssysteme also wiederum der Vater. Albertsen erinnert sich, Vesper habe zumeist Wert darauf gelegt, dass sie und er allein waren. Man hätte ihn fast einen ‚Sozialphobiker' nennen können, denn wenn im Garten auf dem Schlossberg einmal ein kleines Fest stattfand, zu dem auch er eingeladen war, konnte man ziemlich sicher davon ausgehen, dass er dort nicht erscheinen würde.

Gudrun Ensslin schrieb Elisabeth Albertsen folgenden Eintrag in ihr Gästebuch, der mit einem Jahnn-Zitat beginnt:

„Liebe Elis, ‚Komm mit den kleinen Händen, Raute mein Trauergift komm; leb' ich so lieb ich …' bitte denke dran: auch das Glück hat sehr kleine Hände, manchmal kommt es für Stunden zu Dir, manchmal für Tage und manchmal für Tage und Nächte. Es hat kleine Hände und Du und ich und wir alle müssen sehr sanft zu ihm sein. Deine Gudrun". Diese Zeilen sind in eine VW-Anzeige hineingeschrieben, was vielleicht eine Anspielung auf den Unfall Vespers und Albertsens im VW-Cabrio sein sollte, mit dem ihre Liebesbeziehung begonnen hatte. Vor allem aber sind sie eine bemerkenswerte Sympathiebekundung für eine Freundin, mit der man den eigenen Freund teilt.

III.

Ende März 1964 schloss Gudrun Ensslin ihr Lehramtstudium an der Pädagogischen Hochschule Schwäbisch Gmünd ab. Kurz darauf schickte sie ein „Verwendungsgesuch" an das Oberschulamt Nordwürttemberg, in dem sie den Wunsch äußerte, an einer Stuttgarter Schule eingesetzt zu werden: „Da ich für den studentischen Verlag ‚studio neue literatur' verantwortlich tätig bin, d.h. die Redaktion in meinen Händen ist, Redaktionsort aber Stuttgart ist, wäre es für mich und das ‚studio' sehr von Vorteil, wenn ich in Stuttgart verwendet würde."[188] Entgegen ihrem Wunsch sollte Gudrun Ensslin aber an einer Schule in Göppingen eingesetzt werden, wie sie wenig später erfuhr. Fast gleichzeitig mit dieser Mitteilung vom Oberschulamt bekam sie von der Studienstiftung des Deutschen Volkes den Bescheid, dass sie nun endgültig aufgenommen sei.[189] Die gute Nachricht erreichte sie in Triangel, wo sie sich zu dieser Zeit mit Bernward Vesper aufhielt. An das Oberschulamt antwortete sie: „Heute erhielt ich die Nachricht, dass ich in die Studienstiftung des Deutschen Volkes aufgenommen bin zum Weiterstudium an der Universität. Sie früher zu benachrichtigen, eine Einplanung unnötig zu machen war deshalb nicht möglich, weil mein Weiterstudium gänzlich von dem oben erwähnten Bescheid abhing."[190] So stand jetzt für Gudrun Ensslin und für Bernward Vesper, der bereits im Herbst 1963 von seiner endgültigen Aufnahme in die Studienstiftung erfahren hatte,[191] fest, dass sie ihr Studium in Berlin fortsetzen würden. Gemeinsam exmatrikulierten sie sich am 21. April 1964 von der Universität Tübingen,[192] womit ein formeller Schlussstrich unter diese intensive und prägende Zeit gezogen war.

Doch Gudrun Ensslin scheint sich noch nicht sofort aus dem Schwabenland verabschiedet zu haben. Im Gegensatz zu Bernward Vesper, der im Frühjahr 1964 nach Berlin zog, verbrachte sie zunächst, bis zum Winter 1964/65, die meiste Zeit in Cannstatt, wo sie an ihrer Dissertation zu Hans Henny Jahnn arbeitete. Nur gelegentlich kam sie für ein paar Tage nach Berlin.[193] Das ist insofern interessant, als im Spätsommer 1964 Gudrun Ensslins Schwester Johanna gemeinsam mit neun anderen Mitstreitern der *Subversiven Aktion* eine Protestaktion gegen den zu dieser Zeit in Stuttgart stattfindenden Katholikentag durchführte. In der Nacht vom 3. auf den 4. September kleisterten sie die Glaswände der Messehallen am Killesberg mit einem spöttischen Plakat zu, das eine „Botschaft an die Lämmer des Herrn" enthielt. Da der verwendete Leim sich nicht mehr von den Scheiben lösen ließ, kam es zu erheblichem Sachschaden und die zehn ermittelten Mitglieder der *Subversiven Aktion* wurden zu einer hohen Schadensersatzzahlung verklagt. Unter den Angeklagten war neben Johanna Ensslin auch Günter Maschke, damals Redakteur der linken Tübinger Studentenzeitschrift *notizen*. „Maschke verstand sich zu dieser Zeit als Lyriker: Er bereitete den Gedichtband ‚Sorgen um Kasper' vor, der in dem Stuttgarter Verlag ‚studio neue literatur' (begründet von Gudrun Ensslin und Bernward Vesper-Triangel) erscheinen sollte. Da viele der Texte auf Toilettenpapier notiert worden waren und bei verschiedenen Ortswechseln verloren gingen, ist der Band nie erschienen. Maschke pflegte außerdem Kontakte zu dem Kreis um den Stuttgarter Philosophen Max Bense […].“[194] Maschke, der seit den späten 70er-Jahren immer weiter nach rechts abdriftete,[195] hatte kurz zuvor die Tübinger Studentin Johanna Ensslin, seine spätere Frau, kennen gelernt. Flankierend zur Katholikentags-Aktion hatte auch der Sohn des Tübinger rechtsradikalen Verlegers Grabert oder der Verleger sogar selbst – der Brief ist lediglich mit „Dr. habil Grabert“ unterzeichnet – eine neodadaistische „Grußbotschaft“ an die Kirchentagsbesucher gerichtet. Wobei im Umfeld der *Subversiven Aktion* natürlich auch damit zu rechnen ist, dass dieser Brief Grabert nur untergeschoben wurde.

Es ist nicht auszuschließen, dass Gudrun Ensslin in all diese Pläne eingeweiht war, selbst wenn sie die Aktion vermutlich nicht unbedingt unterstützt haben wird, denn sie galt unter ihren Bekannten damals eher als ‚bürgerlich‘. Im Vorfeld des Killesberg-‚Anschlags‘ hatte es von der gleichen Gruppe wiederholt aggressiv-verspielte Aktionen gegen die Atombombe gegeben – ein Thema, das das studio mit seinem *Gegen den Tod*-Band ja ebenfalls aufgegriffen hatte. Natürlich denkt man bei dieser (durch die Beteiligung einer jüngeren Schwester Gudrun Ensslins sozusagen familiären) Nähe zur *Subversiven Aktion* unweigerlich auch an die weitaus radikaleren und überhaupt nicht mehr der Tradition der Spaßguerilla verpflichteten, sondern ‚todernsten‘ Aktionen, an denen Gudrun Ensslin als RAF-Terroristin nur wenige Jahre später federführend teilnehmen würde. Die Vorgängerin der *Subversiven Aktion*, die Münchner Künstlergruppe *SPUR*, haben Gudrun Ensslin und Bernward Vesper vielleicht zwei Jahre zuvor bereits wahrgenommen, denn im Mai 1962 war Walter Jens in einem Prozess gegen diese Künstlergruppe als Gutachter aufgetreten.[196]

Auch Bernward Vesper bleibt dem Schwabenland über sein Tübinger Studium hinaus verbunden. Nach der Geburt des gemeinsamen Sohnes Felix Ensslin und der Trennung von Gudrun Ensslin, die mit Andreas Baader nach Frankfurt ging und Felix in Berlin zurückgelassen hatte, war Bernward Vesper zunächst für das Kind verantwortlich. Felix wurde aber schließlich nach einigen schmerzhaften Uneinigkeiten zwischen Bernward Vesper und Gudrun Ensslin auf Wunsch Gudrun Ensslins zur Adoption freigegeben und kam durch Vermittlung der Familie Ensslin in eine Landarztfamilie in Undingen auf der Schwäbischen Alb, unweit von Tübingen. In der Folge unternimmt Bernward Vesper immer wieder Fahrten nach Undingen, um Felix zu besuchen und mit ihm in der Umgebung Tübingens Ausflüge zu machen. Von Tübingen aus tritt er im Sommer 1969 auch die in seinem Romanessay beschriebene Reise nach Dubrovnik an. Die Rückreise von Dubrovnik endet ebenfalls dort. Die Neckarstadt spielt aber in Vespers *Reise* nicht nur als Ausgangspunkt und Zielort eine wichtige Rolle, auch ein anderer Erzählstrang von Vespers Fragment gebliebenem Buch weist hierhin: die mit „Einfacher Bericht“ betitelten, linear erzählten autobiographischen Passagen brechen ebenfalls mit der Ankunft in Tübingen ab. Ich habe bereits eingangs darauf hingewiesen, dass hiermit ein besonders heikler Punkt in Vespers autobiographischer Erzählung erreicht worden war, hätte der Verfasser doch nun die Widersprüche seines gemeinsam mit Gudrun Ensslin geführten Doppellebens offen legen müssen. Dieses Doppelleben mutet angesichts der schieren Masse an Korrespondenz, die die beiden aus der Unteren Schillerstraße und vom „Hirsch“ aus schrieben sowie angesichts der Vielzahl von Kontakten, die geknüpft und gepflegt wurden, oftmals zugleich wie ein doppeltes Leben an (was in Vespers Fall immer auch bedeutet, dass er *sein* Leben und paradoxerweise zugleich das seines Vaters führen wollte bzw. zu leben sich verpflichtet fühlte). Dass Vesper seine damalige Tübinger Existenz aber nicht nur durch die Niederschrift der *Reise*, sondern auch durch reale Besuche am Ort, „wo sich so vieles entschieden hatte", wieder einzuholen versucht, lässt vermuten, wie wichtig ihm die Bewältigung dieses noch immer unbewältigten Lebensabschnitts gewesen wäre. Bereits in den Tübinger Jahren hatte er sich gelegentlich ausgemalt, wie angenehm es wäre, in der Umgebung Tübingens zu leben. Vom „Hirsch" aus schrieb er 1963 an die Mutter: „Überhaupt bietet Tübingen, wenn man erst einmal ‚drin' ist, sehr viel Abwechslung, ohne andrerseits zerstreuend zu wirken, es bleibt immer noch viel Zeit für die Arbeit [...] Ich habe schon oft überlegt, ob man sich nicht hier (vielleicht wie jetzt, auf einem Dorf) niederlassen sollte"[197] – ein Wunsch, der, seit sein Sohn Felix ganz in der Nähe Tübingens bei Pflegeeltern lebte, um 1970 wieder stärker wurde.

Aber auch alte – und in Verbindung mit den während dieser Zeit stärker werdenden nordafrikanischen Befreiungsbewegungen ganz neue – Pläne, nach Afrika zu reisen, also Europa zu verlassen und von außen zu betrachten, werden wieder lebendig. Marie Klett erinnert sich, wie Bernward Vesper im Sommer 1969 zusammen mit seinem kleinen Sohn zu ihr in den „Hirsch" kam und ihr erzählte, er habe vor, demnächst nach Algerien zu gehen. Vesper besuchte auch seine frühere Geliebte Elisabeth Albertsen wieder, die inzwischen verheiratet war und einen Sohn hatte; zu ihr hatte er in früheren Jahren ebenfalls gesagt, sie sollten gemeinsam in den Süden gehen. Als wäre sein Sohn eine Verkörperung all seiner Hoffnungen, nennt er Felix in der *Reise* seine „kleine Sonne". Aber neben der Liebe zu seinem Sohn scheinen ihm auch alle Drogen- und Kommuneexperimente oder die Beschäftigung mit den psychoanalytischen Theorien Wilhelm Reichs (Vesper verkaufte in den späten

60er-Jahren unter anderem in Tübingen Raubdrucke von dessen Werken aus dem Kofferraum seines Volvo) nicht wirklich weitergeholfen zu haben, einen tragenden Lebenssinn zu finden. Im Grunde ist Vesper bis zum Schluss derselbe „einsame Wolf" geblieben, als der er sich in den ersten Tübinger Tagen in der *Reise* beschrieben hatte. Wie groß die Kälte war, die Bernward Vesper in sich fühlte und die er auszustrahlen meinte, die ihn vielleicht schließlich auch in den Selbstmord trieb, hat er in seinem ausufernden, Fragment gebliebenen Romanessay *Die Reise* in der Form eines Selbstportraits als Schreibender festgehalten. Ein Portrait, das die Aussichtslosigkeit seiner Existenz in ein eindrucksvolles, prägnantes und kälteklirrendes Bild fasst, das in seiner Kühnheit an Jean Paul erinnert. Dort heißt es: „Sollte man nicht den Schreibtisch auf den Nordpol stellen, wo die Sonne herum läuft, immer herum? Und mein Schatten fällt auf das Eis, das nicht mehr wegschmilzt, sondern immer höher und höher wächst und mir eines Tages die Aussicht versperrt." (176)

Anhang

Anmerkungen

Vorbemerkung

1 Wie ich vom Archiv der Freien Universität Berlin erfuhr, an der Vesper nach der Tübinger Zeit studiert hatte, ist nichts über ein Dissertationsprojekt von ihm bekannt; Vesper hatte sich vielmehr zum Sommersemester 1968 nicht mehr zurückgemeldet, d.h. er war seit über einem Jahr exmatrikuliert, als er im Sommer 1969 mit der Arbeit an der *Reise* begann.

2 Das *Spuren*-Heft erschien im Oktober 2004 als 68. Heft der Reihe unter dem Titel *„… wo sich so vieles entschieden hatte“, Bernward Vesper in Tübingen.*

3 Dies war das erste Gespräch mit Jörg Schröder, der mir auch später im Zusammenhang mit Vesper/Ensslin immer wieder Auskünfte und kritische Anregungen gab, wofür ihm auch an dieser Stelle herzlich gedankt sei.

4 Christian Schultz-Gerstein, „Die Zerstörung einer Legende“, *Spiegel* Nr. 52, 1979, S. 146–150. Es hatte schon sieben Jahre zuvor in einem äußerst gut informierten redaktionellen Beitrag (der aber auch Fehler enthält), ebenfalls im *Spiegel* (Nr. 25, 1972, S. 67–72), Hinweise auf diese Aktivitäten am rechten Rand gegeben.

5 Gerd Koenen, *Vesper, Ensslin, Baader. Urszenen des deutschen Terrorismus,* Kiepenheuer und Witsch, Köln 2003. Ich verdanke dem Austausch mit Gerd Koenen hilfreiche Anregungen für die Arbeit an diesem Band, wofür ich ihm auch an dieser Stelle noch einmal danken möchte.

6 Die in Klammern gesetzten Seitenzahlen ohne Nennung eines Titels beziehen sich auf die derzeit lieferbare Lizenzausgabe: Bernward Vesper, *Die Reise. Romanessay. Ausgabe letzter Hand*, hg. von

Jörg Schröder, Rowohlt, Reinbek 1983 (seither mehrere Auflagen). Im Frühjahr 2005 erschien eine Hardcover-Ausgabe mit einem neuen Nachwort von Jörg Schröder als „März bei Area"-Ausgabe im Area Verlag, Erfstadt bei Köln.

I.

7 In: Deutsches Literatur-Archiv/Schiller-Nationalmuseum Marbach, Bestand März Verlag, Nachlass Bernward Vesper, 117a. Der Nachlass Bernward Vespers wurde von Barbara Kalender und Jörg Schröder geordnet und befindet sich als Teil des März-Verlagsarchivs in Form von Kopien im Marbacher Archiv. Die Originale sind im Besitz Felix Ensslins. Dieser Bestand wird im Folgenden abgekürzt zitiert: DLA, NL Vesper, Signatur.

8 Breker, der während des Dritten Reichs mit Staatsaufträgen überhäuft worden war, konnte auch nach dem Krieg nicht über fehlendes Interesse an seiner Kunst klagen. Dem „Schurkenkünstler, der gewissenlos und skrupellos zugesehen hat, wie seine früheren Förderer wie der jüdische Galerist Alfred Flechtheim vernichtet wurden" (Walter Grasskamp, zitiert in der *SZ* vom 2. Juni 2004) saßen unter anderem Ernst Jünger, Konrad Adenauer und die Familie des Wirtschaftswunderministers Ludwig Erhard für Portraits Modell. Noch in den 80er-Jahren ließ sich der international bekannte deutsche Zehnkämpfer Jürgen Hingsen von Breker als im Moment des Sieges pathetisch niederkniender Modellathlet in Bronze verewigen – fast genau ein halbes Jahrhundert nachdem der Bildhauer für die Monumentalstatue „Zehnkämpfer", die von ihm für das neuerbaute Berliner Olympiastadion 1936 angefertigt worden war, eine Silbermedaille für künstlerische Leistungen erhalten hatte.

9 Brief vom 2. April 1961; DLA, NL Vesper, 111b.

10 Brief vom 6. Juni 1961; DLA, NL Vesper, 111b.

11 DLA, NL Vesper, 116a. Für die Texte und Briefe Bernward Vespers gilt, dass ich sie ‚unkorrigiert' wiedergebe, d.h. auch offensichtliche Verschreiber oder fehlende Interpunktion wurden nicht korrigiert, da mir auch diese Textmerkmale, wie vor allem bei Vespers Prosatexten aus der Tübinger Zeit zu sehen sein wird, wichtig erscheinen. Sie zei-

gen auch, in welcher Eile und Gehetztheit Vesper viele seiner Briefe und Texte verfasste.

12 Ebd., Brief vom 11. Mai 1961.

13 Ebd., Brief vom 19. Mai 1961.

14 Ebd., Brief vom 3. Juni 1961.

15 Der Satz ist hier in der gleichen grammatischen Unvollständigkeit wie in der *Reise* wiedergegeben; diese Passage wurde von Vesper wohl eilig niedergeschrieben und nicht noch einmal überarbeitet.

16 Die Informationen zum Studium entnehme ich der Tübinger Studentenakte Bernward Vespers, die im Universitätsarchiv Tübingen aufbewahrt wird.

17 Ebd. Paul Kluckhohn war der Herausgeber der grundlegenden kritischen Novalis-Werkausgabe, deren erster Band allerdings erst 1960, also zwei Jahre nach seinem Tod, erschien.

18 Brief vom 12. März 1961; DLA, NL Vesper, 111c.

19 Ebd., 116a.

20 Es ist schon bemerkenswert, wie schnell Vesper das Lager zu wechseln vermochte und mit welcher scheinbaren Sicherheit er sich neue Positionen anzueignen wusste. Henner Voss berichtete mir von Vespers unangenehmer Eigenart, Kenntnisse oder Ideen, die er beim abendlichen Gespräch in einer Runde aufgeschnappt hatte, bereits am nächsten Morgen vor der gleichen Runde als seine eigenen auszugeben. Das war für die Betroffenen verständlicherweise äußerst ärgerlich, und Vesper verscherzte sich mit solchen Nervereien meist zielsicher und binnen kürzester Zeit sämtliche Sympathien seiner näheren Umgebung.

21 Der Aufsatz Vespers, aus dem ich hier den Anfang zitiert habe, erschien am 14. Juli 1961 unter der Überschrift: „Walter Jens als Hochschullehrer. Das Tübinger Colloquium und einige Hintergründe aus der Sicht eines Studenten / Von Bernward Vesper-Triangel" im Feuilleton der *ZEIT*.

22 DLA, NL Vesper, 115c. E.K. ist das Kürzel des Anonymus, der Jens in der rechten Presse angegriffen hatte, und der wohl für Vesper *auch* ein Anlass war, den Jens-Artikel zu schreiben.

23 Diese Erinnerungen von Walter Jens an Bernward Vesper zitiere ich nach einem Gespräch, dass Andres Veiel und Gerd Koenen im Juli 2004 mit Jens führten. Zuvor hatte auch ich ihn um ein Gespräch über

Vesper und Ensslin gebeten und ihm gemeinsam mit meiner brieflichen Anfrage das Manuskript meines im Herbst 2004 erschienenen *Spuren*-Hefts zu „Bernward Vesper in Tübingen“ zugeschickt. Da ich Veiel und Koenen in jenen Tagen an einige Orte Vespers und Ensslins in Tübingen und Umgebung führte (Veiel plant einen Film über *Vesper Ensslin Baader* nach dem Buch Koenens), teilte mir Veiel auf Bitte von Jens den Inhalt ihres Gesprächs mit. Jens war wegen gesundheitlicher Probleme leider nicht in der Lage, auch mit mir ein Gespräch zu führen. Ich danke Walter Jens vielmals, dass er mir über Andres Veiel doch noch einige seiner Erinnerungen an Vesper zugänglich gemacht hat.

24 So waren beispielsweise Sebastian Blau oder David Friedrich Weinland, der Verfasser des populären Steinzeitromans *Rulaman*, Bundesbrüder des Roigel gewesen.

25 Der betreffende Bundesbruder wird hier von mir aus Gründen des Persönlichkeitsrechts nicht namentlich genannt. Brief vom 16. April 1961 an Vesper; DLA, NL Vesper, 112a.

26 Brief vom 23. Mai 1961 an Vesper; ebd.

27 Brief vom 3. Juni 1961 an die Eltern; DLA, NL Vesper, 116a.

28 Mit dieser Formulierung zitiert er in der *Reise* immer wieder seine Mutter. Sie gebrauchte den Ausdruck, wenn sie etwas als unter ihrer Würde empfand. Dieses pseudoadlige, die ‚schmutzigen‘ Areale des Lebens verdrängende Verhalten geißelt Vesper in der *Reise* und stellt es als Teil des Repressionsapparats seiner Erziehung dar, ohne sich allerdings einzugestehen, wie viel von diesem Verhalten er selbst unbewusst übernommen hatte.

29 Brief vom 27. Juni 1961; DLA, NL Vesper, 116a.

30 Ebd.

31 Protokoll des Roigel-Konvents vom 28. Juni 1961.

32 Es gibt über die Anzahl der korporierten Studenten in Tübingen Anfang der 60er-Jahre keine genauen Angaben. Jürgen Neusius, der Archivar des Roigel, meinte, dass höchstens 25–30 % der männlichen Studenten, somit also höchstens 15 % aller Studierenden (die Frauen eingeschlossen) korporiert gewesen seien. Hermann Bausinger antwortete mir auf dieselbe Frage, korporiert seien eher Studenten aus Fachbereichen wie Jura oder Wirtschaftswissenschaft gewesen, weniger solche der geisteswissenschaftlichen Fakultäten. Wobei der Roigel hier sicherlich eine Ausnahme war, denn in ihm waren zu jener Zeit ungewöhnlich viele Theologiestudenten vertreten.

33 Draginja Dorpat, *Ellenbogenspiele*, Merlin, Hamburg 1965, S. 20.

34 DLA, NL Vesper, 113b.

35 Um die Verwirrung noch etwas weiter zu treiben, sei hier kurz darauf hingewiesen, dass Vesper etwa zeitgleich mit dem Brief an Werner Jäckh, also ebenfalls im Sommersemester 1961, dem Rowohlt Verlag eine Lyrikanthologie mit dem Titel „widersprüchliche aussagen – die lyrik des xx. jahrhunderts" anbot (DLA, NL Vesper, 113b; Brief undatiert, aber mit Hirschauer Adresse im Briefkopf). Vesper hatte bereits seit Ende der 50er-Jahre immer wieder Vorschläge für Anthologieprojekte ausgearbeitet, die er auch an Verlage schickte, aus denen aber nie etwas wurde. Mit dieser Editorentätigkeit folgte er dem Vorbild des Vaters, denn der hatte u. a. mit *Die Ernte aus acht Jahrhunderten deutscher Lyrik* eine der populärsten Lyrikanthologien der Weimarer Zeit herausgegeben.

36 Diesen vollen Namen gab Vesper in seiner Studentenakte an, die jetzt im Universitätsarchiv Tübingen liegt.

37 In: *Neue Deutsche Hefte* 83, September, Oktober 1961, S. 195–199, hier S. 199. Günthers kenntnisreicher und erfrischend polemischer Aufsatz sei jedem empfohlen, der einen Einblick in die kuriose Veranstaltung der Lippoldsberger Dichtertage gewinnen möchte. Zum ‚Chamäleon' Vesper passt es, dass er mit gelegentlichen Buchbesprechungen bereits ein Jahr später selbst zu den Beiträgern der *Neuen Deutschen Hefte* gehört. Die Verbindung kam vermutlich über seinen Bekannten Ulf Miehe zustande, der damals für den Sigbert Mohn Verlag arbeitete, in dem die Zeitschrift erschien. Zum Silberburg Verlag ist noch zu sagen, dass dieser nichts mit dem gegenwärtig in Bebenhausen bei Tübingen angesiedelten gleichnamigen Verlag zu tun hat, welcher eine vom Stuttgarter Silberburg Verlag (der bereits in den 60er-Jahren aus der Verlagslandschaft verschwand) völlig unabhängige Neugründung ist.

38 *Westdeutsche Rundschau* vom 29. Juli 1961. Alle bisherigen Zitate bezüglich Brandenburgs entnahm ich dieser Dokumentation. Eine Kopie der Zeitungsseite befindet sich in DLA, NL Vesper, 115c.

39 Eine einschlägige Erzählung, *Pankraz der Hirtenbub. Ein Idyll für Jung und Alt* von 1924, wird sogar im von Walter Jens herausgegebe-

nen *Kindler* ‚gewürdigt', d. h. verrissen: „Der Stil des Werks ist gekennzeichnet durch Brüche zwischen idyllischer, d. h. naiv epischer Reihung und spannungserregender Schachtelung nach Art des Abenteuerromans und demonstriert im übrigen die Fragwürdigkeit einer Idyllendichtung heute". (*Kindlers Neues Literatur Lexikon*, Bd. 3, München 1988, S. 30.)

40 Walter Killy (Hg.): *Deutsche Biographische Enzyklopädie*, Bd. 2, K. G. Saur, München u. a. 1995, S. 61 (Eintrag ‚Hans Brandenburg'). In der Klassifikation von Doris Rune taucht Brandenburg als im Nationalsozialismus „unerwünschter" Autor auf. Diese Klassifikation ist problematisch, denn die meisten der „unerwünschten" Autoren waren dennoch Mitglieder der Reichsschrifttumskammer, was eine zwingende Voraussetzung zur Veröffentlichung von Büchern oder Zeitschriftenaufsätzen im Dritten Reich war. (Siehe: Franz Lennartz, *Deutsche Schriftsteller des 20. Jahrhunderts*, Registerband, Kröner, Stuttgart 1984, Dokumentarischer Anhang, S. 2 und S. 7.) Brandenburg hat dementsprechend auch von 1933 bis 1945 ungehindert weiter publiziert.

41 Henner Voss stellte mir dankenswerterweise die in seinem Besitz befindlichen Briefe Vespers an ihn zur Verfügung. Dafür und auch für seine stets geduldigen Auskünfte zu Bernward Vesper und Gudrun Ensslin bei einer Vielzahl von Telefonaten sei ihm an dieser Stelle herzlich gedankt. Im Folgenden nicht weiter nachgewiesene Briefe Vespers an Voss stammen aus dem Besitz von Henner Voss. Im Januar 2005 erschien von ihm in der Edition Nautilus der Band *Vor der Reise. Erinnerungen an Bernward Vesper.*

42 DLA, NL Vesper, 116a.

43 Brief vom 27. Juni 1961; DLA, NL Vesper, 116a.

44 Brief vom 27. Juni 1961; DLA, NL Vesper, 112a.

45 DLA, NL Vesper, 111a.

46 Ebd.

47 Brief vom 30. Juli 1962, ebd.

48 Brief vom 9. Februar 1962; DLA, NL Vesper, 113b.

49 Wiederum im Brief vom 27. Juni 1961; DLA, NL Vesper, 116a.

50 DLA, NL Vesper, 116a.

51 DLA, NL Vesper, 123v. An anderer Stelle des Nachlasses befindet sich noch ein weiteres Fragment der Novalis-Arbeit, diesmal die

Seiten 7–52 (DLA, NL Vesper, 124e). Man gewinnt angesichts des Umfangs dieser Arbeit fast den Eindruck, Vesper sei an den Vorbereitungen zu einem Buch über Novalis gewesen. Mit Novalis hatte er sich bereits 1960 beschäftigt. Er hatte Detlev Lüders vom Freien Deutschen Hochstift das Projekt einer bibliophilen Ausgabe unveröffentlichter Novalis-Texte vorgeschlagen, was dieser jedoch ablehnte (Brief Richard Samuels, des Mitherausgebers der kritischen Novalis-Gesamtausgabe, an Vesper vom 13. Juli 1960; DLA, NL Vesper, 111b). Das bekannte Novalis-Zitat „Nach innen führt der geheimnisvolle Weg" taucht wiederholt in der *Reise* auf.

52 Monica von Miltitz ist eine schillernde Figur. Als Anhängerin der Anthroposophie war sie mit deren Begründer Rudolf Steiner persönlich bekannt. In der Zwischenkriegszeit plante sie, auf Schloss Siebeneichen bei Meißen ein internationales anthroposophisches College zu gründen. Aus diesem Anlass reiste sie bis in die USA, um Studenten anzuwerben. Die College-Idee wurde dann in den 30er-Jahren von den Nationalsozialisten torpediert und schließlich unterbunden. Während der Zeit des Dritten Reichs lebte Monica von Miltitz zurückgezogen auf ihrem Schloss, das nach dem Krieg von den sowjetischen Besatzern beschlagnahmt wurde, worauf sie nach Westdeutschland floh. 1948 erschien ein von ihr verfasstes Buch über Novalis (den man als einen Kultautor der Anthroposophen bezeichnen könnte): *Novalis. Romantisches Denken zur Deutung unserer Zeit.* Und auch in diesem Fall lässt sich eine mögliche Verbindungslinie zum Vater rekonstruieren. Will Vesper hatte in den 20er-Jahren in Meißen gelebt und man darf davon ausgehen, dass er während dieser Zeit als bekannter Autor die sehr an Literatur interessierte Baronin Monica von Miltitz kennen gelernt hat.

53 Postkarte vom 16. Juni 1961; DLA, NL Vesper, 111a.

54 Dies schreibt Vesper in einem undatierten Brief (wohl aus dem Sommer/Herbst 1961) an die Redaktion der *ZEIT*, in dem er mitteilt, einen Artikel über seine Tramptouren verfassen zu wollen – was wiederum zu keiner Veröffentlichung führt (DLA, NL Vesper, 113b).

55 Brief an die Heinkel AG vom 25. August 1960; DLA, NL Vesper, 111b. Vesper interessierte sich aber schon länger für Afrika. Bereits im März 1958 hatte er an Erhart Kästner geschrieben, er würde ihn

gern einmal wegen seiner Afrika-Erinnerungen besuchen (DLA, NL Vesper, 111c).

56 Brief vom 2. April 1961 an die Heinkel AG; DLA, NL Vesper, 111b.

57 Brief vom 3. Juni 1961; DLA, NL Vesper, 116a.

58 Postkarte vom 10. Juli 1961 an die Eltern; DLA, NL Vesper, 116a.

59 Ich entnehme diese Informationen einem ausführlichen Reisebrief Vespers an die Eltern vom 3. September 1961;DLA, NL Vesper, 123x.

60 Undatierter Brief an Walter Jens (ca. September 1961); DLA, NL Vesper, 111c.

61 Rudolf Walter Leonhardt von der *ZEIT* nahm Vespers Aufsatz nicht an; „Auf den Spuren von Cervantes“ erschien schließlich in der Wochenzeitung *Die Furche* (Nr. 25/1962).

62 Dass im Krieg knapp gewordenes Papier für ein Spanien-Buch bedruckt wurde, überrascht nur auf den ersten Blick, denn das faschistische Franco-Spanien gehörte wie Mussolini-Italien gewissermaßen zu den Bruderstaaten Hitler-Deutschlands, was sich sogar in Form spanischer Musikeinflüsse auf deutsche Schlager und Variétés der NS-Zeit bemerkbar machte (vgl. hierzu Oliver Axers und Susanne Benzes collageartigen Dokumentarfilm *Hitlers Hitparade* von 2003). Man vergisst auch allzu oft, dass Spanien seinen Bürgern bis zum Tod Francos im Jahr 1975 demokratische Rechte nur in sehr eingeschränkter Form zugestand.

63 Vesper in einem Brief an den Vater vom 16. November 1961; DLA, NL Vesper, 116a.

64 Bei Vespers Entscheidung mag durchaus nicht nur das „einnehmende Wesen“ seiner Schillerstraßen-Vermieterin eine Rolle gespielt haben, sondern vielleicht auch Geld, denn die Zimmer bei den Studenten-Verbindungen waren und sind bis heute meist der billigste Wohnraum, den eine Universitätsstadt zu bieten hat. So erwähnt er im gleichen Brief, dass er für das Schillerstraßenzimmer 105 DM hätte bezahlen müssen, das Roigelzimmer hingegen nur 30 DM kostete.

65 Brief an den Vater vom 16. November 1961; DLA, NL Vesper, 116a.

66 Ebd.

67 Brief an die Eltern vom 3. September 1961; DLA, NL Vesper, 123x.

68 Tatsächlich mag es genau umgekehrt gewesen sein, denn Leonhardt hatte Vesper ja die eher nationalistischen Töne aus seinem Jens-Artikel herausgestrichen.

69 Undatiertes, handgeschriebenes Manuskript ohne Titel; DLA, NL Vesper, 123p. Ich danke Elisabeth Albertsen und Karl Corino für die Entzifferungshilfe an unleserlichen Stellen.

70 DLA, NL Vesper, 123a.

71 Undatiertes und unbetiteltes handschriftliches Manuskript; DLA, NL Vesper, 123p.

72 DLA, NL Vesper, 123p. Der hier zitierte handschriftliche Entwurf ist wohl die erste Fassung dieses Texts, der in mehreren Varianten erhalten ist.

73 Diese ‚Selbstbezichtigungen' befinden sich in den von Jörg Schröder herausgegebenen Materialien zur *Reise*. Auffällig ist, dass Vesper in diesen scharfen, rücksichtslos gegen ihn selbst gerichteten Kurzanalysen seines Verhaltens nicht, wie sonst überall in der *Reise*, ‚ich' sondern ‚er' sagt. Nur in Verbindung mit dieser Form der Objektivierung und des Abstandnehmens scheint ihm eine solche schonungslose – man muss angesichts seines wenig später erfolgten Selbstmords fast sagen: vernichtende – Selbstkritik möglich zu sein.

74 Alain Robbe-Grillet: „Letztes Jahr in Marienbad". In: *Spectaculum, Texte moderner Filme 2*, Suhrkamp, Frankfurt/Main 1964, S. 211–310, hier S. 222.

75 Undatiertes, unbetiteltes Typoskript; DLA, NL Vesper, 123p.

76 Der Nachname ist mir bekannt. Da ich ihren gegenwärtigen Aufenthaltsort aber nicht ausfindig machen und sie somit nicht fragen konnte, ob sie in diesem Buch unter vollem Namen erscheinen möchte, nenne ich sie aus Gründen des Persönlichkeitsrechts hier und im Folgenden nur bei ihrem Vornamen.

77 Das „Tagebuch 1962" befindet sich ebenfalls im DLA, NL Vesper, 123h.

78 Undatiertes, unbetiteltes Typoskript; DLA, NL Vesper, 123p.

79 Man mag bei diesem Zusammenwirken von antisemitischen Klischees, der nächtlichen Szenerie, der Erwähnung von Rauch und den sich selbst verrauchenden Menschen in Vespers Text an ein anderes Werk des Regisseurs von *Letztes Jahr in Marienbad*, an Alain Resnais' Dokumentarfilm *Nacht und Nebel* von 1956 denken, der in

eindringlichen und drastischen Bildern – unter anderem der Gaskammern und Krematorien von Auschwitz – die Vernichtungsmaschinerie der nationalsozialistischen Konzentrationslager zeigte. Der Film wurde Ende der 50er-Jahre regelmäßig an Schulen vorgeführt und man darf annehmen, dass auch Bernward Vesper ihn bei solch einer Schulaufführung kennengelernt hat. Das Filmskript bzw. den Kommentar zu den Bildern hatte der französische Romancier Jean Cayrol geschrieben. Für die deutsche Fassung des Films war dieser Kommentar von Paul Celan übersetzt worden. Auch wenn uns heutigen Betrachtern von Resnais' Film der Cayrolsche Text als zu pathetisch aufstoßen mag, kann man sich gut vorstellen, wie schockierend die Bilder der damals noch jüngsten Vergangenheit gerade auf einen Betrachter wie Vesper gewirkt haben müssen, der um die ideologische Beteiligung seines Vaters am Nationalsozialismus wusste. Vesper mag aber auch von Günter Eichs bekanntem Gedicht „Betrachtet die Fingerspitzen“ aus dessen Gedichtband *Untergrundbahn* von 1949 beeinflusst gewesen sein, in dem es heißt: „Betrachtet die Fingerspitzen, ob sie sich schon verfärben! / Eines Tages kommt sie wieder, die ausgerottete Pest. / [...] Betrachtet die Fingerspitzen! Wenn sie sich schwarz färben, ist es zu spät.“ Dies widerspräche der Assoziation Resnais/Cayrol nicht, sondern ergänzte sie vielmehr, da auch Eichs Gedicht mit seinen Bildern der Pest und der sich schwarz färbenden Fingerspitzen als Anspielung auf die ‚dunkle', unmittelbare Vergangenheit gelesen werden kann.

80 Brief Bernward Vespers an Henner Voss vom 25. Januar 1962.

81 Vgl. Henner Voss' Vesper-Erinnerungen „Peinliche Zeiten“. In: Jörg Schröder (Hg.), *Mammut. März Texte 1 & 2. 1969–1984*, März, Herbstein 1984, S. 854–864; hier S. 858.

82 Brief Bernward Vespers an Henner Voss vom 24. Januar 1962. Laxheit im Umgang mit geistigem Eigentum bewies Vesper auch, indem er Voss einmal ein leicht abgeändertes Borchardt-Gedicht als sein eigenes zuschickte, was diesen begreiflicherweise sehr ärgerte.

83 Der Brief ist mit einem kryptischen Datum versehen: „Burgsteige 20,5.(?)II.62“ Vermutlich soll das heißen: mitten in der Nacht vom 20. auf den 21. Februar.

84 Brief Bernward Vespers an seine Eltern vom 9. Februar 1962; DLA, NL Vesper, 116a.

85 Undatierter Brief Bernward Vespers an Hans Bender (ca. 1961); DLA, NL Vesper, 123a.

86 Auch etliche von Vespers literarischen Vorbildern hatten Pseudonyme verwendet: Knut Pedersen alias Knut Hamsun, Hugo von Hofmannsthal alias Theophil Morren alias Loris und schließlich Walter Jens alias Walter Freiburger, um nur eine kleine Auswahl an Beispielen zu geben.

87 DLA, NL Vesper, 116a.

88 Brief Bernward Vespers an Rose Vesper vom 24. Mai 1962; DLA, NL Vesper, 116a.

89 Brief Bernward Vespers an seine Eltern vom 7. oder 9. Februar 1962 (Datum unleserlich); DLA, NL Vesper, 116a.

II.

90 „Tagebuch 1962“; DLA, NL Vesper, 123h.

91 Zu Gudrun Ensslins Biographie vor dem Studienbeginn und nach der Tübinger/Schwäbisch Gmünder Zeit vgl. die Zeittafel am Ende des Bandes.

92 Die Informationen zum Studium entnahm ich der Studentenakte Gudrun Ensslins aus dem Universitätsarchiv Tübingen.

93 Christoph Meckel in einem Brief an mich.

94 Laut Kuppeleiparagraph, der noch bis 1973 in Kraft war, machten sich Vermieter oder auch Eltern strafbar, wenn unter ihrem Dach ein unverheiratetes Paar gemeinsam übernachtete bzw. nach zehn Uhr abends angetroffen wurde. Während meiner Recherchen zu diesem Buch hörte ich die unterschiedlichsten Stimmen zu diesem Paragraphen. Die einen meinten, er sei nicht so rigide durchgesetzt worden und habe im Bewusstsein der jungen Leute eigentlich keine Rolle gespielt, andere wiederum betonten die angstvolle und ‚schuldbeladene‘ Atmosphäre, die durch ihn entstanden sei.

95 Vgl. hierzu das 11. Kapitel (S. 128–145) in Thomas Freeman, *Hans Henny Jahnn. Eine Biographie*, Hoffmann und Campe, Hamburg 1986.

96 In einem Tagebuch Vespers von 1959 (das dieser, an einer Gelbsucht erkrankt, während eines Krankenhausaufenthalts nieder-

schrieb) heißt es – noch etwas im alten, verstaubten und ‚wesenhaften' Ton, als müsste der bettlägrige Kranke für einen erlauchten Kreis dozieren oder als schauten ihm die zukünftigen Leser seines bedeutenden Diariums bereits über die Schulter: „Ich fand bei Hans Henny Jahnn zum ersten Mal die Dichtung als reines Mittel, die Welt in ihrer Unendlichkeit (als eine Reihe von Eitelkeiten!) zu erkennen. Ohne die hemmenden ‚Absichten' und ‚Ziele', die andrer Literatur anhaften und sie ungenießbar machen, ohne jene eitle Selbstdarstellung, darin sich die Künstler aller Art gefallen. Ohne Tendenz und Partei tritt hier das Leben auf in seinen irdischen Fesselungen, in seinen tierischen Verkörperungen – aber auch bewegt vom Geist, vom Willen des Menschen, der Natur ein gleiches hinzuzufügen, die Kraft, die im Menschen schlummert, die biologisch im Menschen angelagert ist, zu entfalten und auszubreiten wie ein Schmetterling die Puppe sprengt und die Flügel öffnet und damit beiden: der materiellen und der ideellen Welt ein Eigenes hinzufügt, also das Ganze der Natur um Fläche und Farbe wie auch um Schönheit bereichert, die nie zuvor gewesen ist." DLA, NL Vesper, 123g.

97 Eintrag zum 9. Januar 1962; DLA, NL Vesper, 123h.

98 Noch 1967 ist die bereits seit 1964 geplante und in Berlin fortgeführte Dissertation Ensslins unter diesem Titel in der Rubrik „Entstehende Dissertationen über Jahnn" aufgeführt bei Jochen Meyer, *Verzeichnis der Schriften von und über Hans Henny Jahnn*, Luchterhand, Darmstadt 1967.

99 DLA, NL Vesper, 124e.

100 Ob Vesper im Februar 1962 beim Faschingsfest des Roigel bzw. am Tag danach erstmals mit einer Frau, nämlich mit Dörte, schlief, ist nicht ganz sicher. Vespers Erzählweise in der *Reise* ist äußerst assoziativ und sprunghaft, aber aus einer Passage könnte man schließen, dass er bereits während der Hirschauer Zeit mit einem Mädchen namens „Mika" schlief: „Und dann holte ich sie [d. i. Mika, M. K.] für ein paar Tage in meinen kalten Keller in Hirschau: heimlich, damit die Wirtin es nicht merkte. Ich mutete es ihr zu, sich zu verstecken, als die Frau plötzlich herunterkam. Sie klopfte mich hinaus und sagte: ‚Aber warum haben Sie mich nicht gefragt? Mein Mann ist verreist, wir haben doch ein großes Doppelbett oben!' ›Dem Traum folgen und immer wieder dem Traum folgen, und so ewig …‹" (166) Das Joseph

Conrad-Zitat am Ende dieser Passage (das wie ein Leitmotiv an mehreren Stellen der *Reise* auftaucht) deutet darauf hin, dass es sich hier auch um eine Phantasie Vespers handeln könnte.

101 Man muss bedenken, dass Vespers Mutter, während er diese Sätze aufschrieb, noch lebte, d.h. eine Beendigung des *Reise*-Manuskripts mit den hier skizzierten Angriffen gegen die Mutter musste ein zusätzlicher Stressfaktor für Vesper sein.

102 Ein etwas intimeres Detail mag diese Distanz Vespers zu seiner Mutter zusätzlich belegen: Sie wird als matronenhafte Frau mit auffallend ausladender Oberweite beschrieben. Dass Vesper sich mit seinen beiden ‚knabenhaften' Geliebten Dörte und Gudrun zwei junge Frauen ausgewählt hatte, die zumindest in dieser Hinsicht das genaue Gegenteil seiner Mutter waren, überrascht daher nur wenig.

103 Dies geht auch aus dem Testament Will Vespers hervor: Der ‚Nachlass' sollte an Rose Vesper (Bernward Vespers Mutter) gehen, wobei ausdrücklich der literarische Nachlass, d.h. seine Manuskripte, Briefwechsel und die Bibliothek ausgenommen waren, die dem Sohn Bernward zufallen sollten. DLA, NL Vesper, 122c.

104 Ulrich Ott, Friedrich Pfäfflin (Hgg.), *Protest! Literatur um 1968* (= Marbacher Katalog 51), Schillergesellschaft Marbach, Marbach 2000, S. 432.

105 Nach der Kategorisierung von Doris Rune; vgl. Anm. 40.

106 Dies geht aus einer Verlagsanzeige am Ende des *Letzte Ernte*-Bandes hervor. In den frühen 60er-Jahren erschien Will Vespers in der Zwischenkriegszeit (und vor allem auch während der NS Zeit) vielverkaufte Anthologie allerdings im reaktionären Hünenburg-Verlag, der am äußerst rechten Rand des damaligen Verlagsspektrums anzusiedeln ist. Die ‚niedlichen' Titel vieler Bücher Will Vespers wie *Kleiner Kranz des Lebens*, *Der unzufriedene Igel* oder *Seltsame Flöte*, die allesamt in den Bereich des Idyllisch-Ländlichen verweisen (und entsprechend süßliche und kitschige Texte enthalten), lassen nichts von den geifernden antisemitischen Ausfällen ihres Verfassers in dessen Zeitschrift *Die Neue Literatur* ahnen, und man will eigentlich kaum glauben, sie könnten vom gleichen Menschen stammen – gäbe es nicht etliche andere NS-Autoren, bei denen ebenfalls exakt dieses Muster eines erschreckend harmonischen Nebeneinanders von Sentimentalität und Brutalität vorlag.

107 Dies geht aus einem Brief Vespers an seine Mutter vom 12. Mai 1962 hervor, in dem es heißt: „Dörte wohnt jetzt in Hamburg". (DLA, NL Vesper, 116a.) Das widerspricht anderen Aussagen, nach denen Dörte zur Fortsetzung ihres Studiums nach Marburg gegangen sei.

108 Brief vom 3. März 1962 an die Eltern; DLA; NL Vesper, 116a.

109 Eine andere Hausüberlieferung des Roigel besagt, Gudrun Ensslin sei 1972, also kurz vor ihrer Festnahme, kurzzeitig im Roigel untergetaucht. Der Roigel galt zu dieser Zeit zwar als linke Burschenschaft, auf seiner Homepage ist diese Überlieferung aber ausdrücklich als unbestätigtes Gerücht ausgewiesen.

110 Undatierter Brief (ca. Juli 1962); DLA, NL Vesper, 116a.

111 Brief vom 12. Mai 1962; DLA, NL Vesper, 116a.

112 Brief an Henner Voss vom 5. April 1962.

113 Ob Vesper Reinhard Döhl persönlich kannte, wovon man aber ausgehen darf, konnte ich leider nicht mehr herausfinden, da dieser im Frühjahr 2004 verstorben ist.

114 Christoph Meckel in einem Brief an mich.

115 Brief an Henner Voss vom 5. April 1962.

116 Hierzu gibt es widersprüchliche Aussagen; in der *Reise* wird Marburg als der Studienort Dörtes ab dem Sommersemester 1962 angegeben, aus einem Brief geht hervor, dass es Hamburg gewesen sein muss. Ihr Freund und späterer Verlobter Scott Mohr erinnert sich, dass sie in Marburg studiert habe. Sicher ist jedenfalls, dass Dörte die Universität Tübingen nach dem Wintersemester 1961/62 verließ.

117 Brief an Henner Voss vom 5. April 1962.

118 Ebd.

119 Brief Carlo Schmids an Bernward Vesper vom 7. September 1962; DLA, NL Vesper, 118a.

120 Brief an Henner Voss vom 2. Mai 1962. Die Anspielung des möglichen Titels „gruppe 62" auf die damals in der literarischen Tagesmode dominante Gruppe 47 ist deutlich und zeigt implizit Vespers nicht geringen Anspruch, mit der Zeitschrift gleich ein Gegenprogramm zu dieser etablierten Literaturgruppe zu liefern, bzw. ihr in einer Neuauflage nachzueifern.

121 Brief an Henner Voss vom 27. Mai 1962. „LITERATUR" ist von

Vesper in seinem mit der Schreibmaschine geschriebenen Brief zusätzlich durch einen handschriftlichen Kasten um das Wort hervorgehoben.

122 So der Titel im „Rumpfvertrag" über die Zeitschriftengründung, den Vesper am 8. August 1962 an Voss schickt.

123 Das geht aus einem Brief Rudolf Zechs, Sohn des expressionistischen und späteren Exilschriftstellers Paul Zech hervor. Vesper hatte Rudolf Zech um Texte Paul Zechs für die Zeitschrift gebeten. Der Verlag, den der Zech-Sohn gegründet hatte, hieß zufälligerweise bereits Trias Verlag, weshalb sich Vesper ursprünglich mit ihm in Verbindung gesetzt hatte, da er ja den gleichen Namen für die Zeitschrift verwenden wollte; Brief Rudolf Zechs vom 26. August 1962; DLA, NL Vesper, 122 c.

124 Die Schaubilder befinden sich im ‚Eppendorfer Nachlass': DLA, NL Vesper, Signaturen 125 a-s. Auch Koenen (a.a.O.) weist wiederholt auf die Bedeutung der Dreizahl bei Vesper hin. Auf S. 298 seines Buchs ist eines dieser späten Schaubilder reproduziert.

125 Diese Information verdanke ich Elisabeth Albertsen.

126 Mitteilung von Gudrun Ensslins Jugendfreund Scott Mohr.

127 Brief an die Mutter vom 3. Juni 1962; DLA, NL Vesper, 116a.

128 Protokoll des Amtsgerichts Tübingen; DLA, NL Vesper, 117a.

129 Brief an Henner Voss vom 2. Mai 1962.

130 Brief an Henner Voss vom 14. Juli 1962.

131 Undatierter Brief an die Mutter (ca. Ende Juli 1962); DLA, NL Vesper, 116a.

132 Henner Voss, „Peinliche Zeiten". In: Jörg Schröder (Hg.), *Mammut. März Texte 1 & 2. 1969–1984*, März, Herbstein 1984, S. 854–864, hier S. 856f.

133 DLA, NL Vesper, 123p.

134 Die Informationen bezüglich Scott Mohrs entstammen einem Telefongespräch und einer E-Mail-Korrespondenz mit ihm, anlässlich derer er mir ein altes Tagebuch transkribierte und einen Bericht über seine Beziehung zu Gudrun Ensslin und Dörte schrieb. Ihm sei auch an dieser Stelle herzlich für seine Hilfe gedankt.

135 Vgl. *Spiegel* 25, 1972, S. 70.

136 Brief an die Mutter vom 8. November 1962; DLA, NL Vesper, 116b.

137 Gudrun Ensslin mag zwar im „Hirsch“ geschwäbelt haben, war aber sehr wohl in der Lage, akzentfreies Hochdeutsch zu sprechen. Seiner Freundin Elisabeth Albertsen gegenüber brüstete sich Vesper, er habe Gudrun Ensslin das Schwäbische abgewöhnt und Hochdeutsch beigebracht.

138 DLA, NL Vesper, 123h.

139 Siehe Gerd Koenen, a.a.O., S. 94 f.

140 Ebd.

141 Ebd. S. 94 f.

142 Wobei kritisch hinzuzufügen wäre, dass das eine vielleicht zu holzschnittartige Sicht der Dinge ist, lässt sie doch gar keine Entwicklung Gudrun Ensslins zu und verkürzt ihre Person zum masochistisch willenlosen Werkzeug ihrer jeweiligen Liebhaber. Es spricht zwar einiges dafür, dass es so gewesen sein mag, andere Aussagen über ihre brillante Intelligenz und ihr selbstbewusstes Auftreten sprechen aber auch dagegen.

143 Eintrag im hinteren Teil des Taschenkalenders von 1962, datiert auf den 10. November 1962; DLA, NL Vesper, 123h.

144 Ebd., 18. November 1962; DLA, NL Vesper, 123h.

145 Ich danke Brigitte Raitz vom Deutschen Literaturarchiv Marbach, die für mich die erschienenen Hefte der beiden Zeitschriften *Wir* und *abschnitte* nach Arbeiten Vespers und Ensslins durchschaute.

146 Brief an Henner Voss vom 29. Januar 1964.

147 Brief an Henner Voss vom 4. August 1962.

148 Brief an Henner Voss vom 9. November (? der Monat ist etwas unleserlich, da er mehrfach übertippt wurde) 1962.

149 Brief an Henner Voss vom 2. Mai 1962. In dieser Liste taucht bereits der Name des HJ-Liederdichters Hans Baumann auf, der später dann in der *Gegen den Tod*-Anthologie des studio neue literatur vertreten sein wird.

150 Brief an Henner Voss vom 9. November (? der Monat ist etwas unleserlich, da er mehrfach übertippt wurde) 1962.

151 Brief Gudrun Ensslins an Henner Voss vom 3. Februar 1963. Der lange Wortzwischenraum ist nach dem Original wiedergegeben.

152 DLA, NL Vesper, 121a. Der Titel der geplanten Reihe, seria nova, erinnert sehr an die zur selben Zeit mit den ersten Bänden erscheinende Reihe prosa viva beim Hanser Verlag, die Vesper mit Sicherheit

kannte, da in ihr Autoren wie Reinhard Lettau und Alain Robbe-Grillet verlegt wurden. Diese beiden Schriftsteller waren Vorbilder Bernward Vespers während der Tübinger Zeit (worauf im Fall Robbe-Grillets bereits hingewiesen wurde; der Lettau-Bezug geht aus den Notizen zur Fortsetzung der *Reise* hervor; dort heißt es in Anspielung auf die Hirschauer Zeit: „MINIATUREN (kafka, lettauartig: ‚ich wohne schon lange in diesem keller …')" (662).

153 Brief Gudrun Ensslins an Bärmeier und Nikel vom 26. Februar 1963; DLA, NL Vesper, 121a.

154 Brief Gudrun Ensslins an den Harry von Hofmann-Verlag vom 6. März 1963; DLA, NL Vesper, 121c.

155 Brief Gudrun Ensslins an Rose Vesper vom 20. Mai 1963; DLA, NL Vesper, 116c.

156 Personalakte Gudrun Ensslins vom Oberschulamt Nordwürttemberg; jetzt im Staatsarchiv Ludwigsburg aufbewahrt unter der Signatur EL204/II, Bü. 23.

157 In einem Brief an den Deutschen Buchklub vom 23. Dezember behauptet Vesper, der geplante Band werde mit Grafiken A. Paul Webers ausgestattet (DLA, NL Vesper, 121b). Der durch seine gesellschaftskritischen Grafiken bekannt gewordene Weber wäre wohl der am wenigsten vorstellbare Illustrator der Werke eines Nazidichters gewesen. Vesper hatte aber tatsächlich erst am gleichen Tag (!) einen Brief an Weber in dieser Sache abgeschickt (DLA, NL Vesper, 122c); im Nachlass ist jedoch, wie zu erwarten war, keine Antwort erhalten. Der *Geschichten*-Band erschien schließlich ohne Illustrationen.

158 Brief an Bernward Vesper vom 24. Februar 1963; DLA, NL Vesper, 121b.

159 Brief Bernward Vespers an Adolf von Grolman vom 22. Februar 1963; DLA, NL Vesper, 121c.

160 DLA, NL Vesper, 123a.

161 Christian Schultz-Gerstein: „Die Zerstörung einer Legende", *Spiegel* 52, 1979, S. 146–150, hier S. 148.

162 Brief Wilfried Walters an Bernward Vesper vom 25. September 1963; DLA, NL Vesper, 123a.

163 Brief Bernward Vespers an Wilfried Walter vom 1. Oktober 1963; DLA, NL Vesper, 123a.

164 Brief Bernward Vespers an Adolf von Grolman vom 29. Oktober 1963; DLA, NL Vesper, 119b.

165 Brief Bernward Vespers an Walter Jens vom 22. September 1963; DLA, NL Vesper, 119d.

166 Brief Ralf Dahrendorfs an Bernward Vesper vom 24. Oktober 1963; DLA, NL Vesper, 119b.

167 Brief Ben-Gavriêls an die ‚Pressestelle' des Petrei Verlags (d.i. Gudrun Ensslin) vom 15. Oktober 1963; DLA, NL Vesper, 119a.

168 Undatierter Brief der ‚Pressestelle' an Ben-Gavriêl (ca. Oktober 1963); DLA, NL Vesper, 119a.

169 Brief Bernhard Doerdelmanns vom Israel-Forum an die ‚Pressestelle' vom 19. Oktober 1963; DLA, NL Vesper, 119b.

170 Brief Bernward Vespers an Ulf Miehe/Mohn Verlag vom 25. Oktober 1963; DLA, NL Vesper, 119d.

171 Brief Bernward Vespers an den Mohn Verlag vom 11. Dezember 1963; DLA, NL Vesper, 119d.

172 DLA, NL Vesper, 121d.

173 Brief Bernward Vespers an Henner Voss vom 29. Januar 1964.

174 Zitiert nach einem Werbeblatt des studio neue literatur (ca. 1963).

175 *Spiegel* 25/1972, S. 70.

176 *Das Argument*, Heft 26, Juli 1963, S. 2–16.

177 Zitiert in: Ulrich Ott, Friedrich Pfäfflin (Hgg.), *Protest! Literatur um 1968* (= Marbacher Katalog 51), Schillergesellschaft Marbach Marbach 2000, S. 24.

178 Radiotyposkript; DLA, NL Vesper, 124e.

179 Unveröffentlichtes Typoskript Elisabeth Albertsens, das sie mir freundlicherweise neben Briefen und Fotografien Vespers aus ihrem Besitz zugänglich machte. In ihrer Erzählung *Das Dritte. Geschichte einer Entscheidung*, die 1977 im Rowohlt Verlag erschien, schildert Elisabeth Albertsen die Szene drastischer: „Literarisch war er beschlagen, aber er sprach mit der Arroganz eines Herrensöhnchens. ‚Was, Sie kennen meinen Vater nicht? Mein Vater war einer der größten Schriftsteller und Verleger Nazi-Deutschlands!'" (S. 41 f.) Dass die beiden sich als Studenten zunächst siezten, war in der damaligen Zeit durchaus üblich.

180 Ebd.

181 Ebd.

182 Ebd.

183 Ebd. Man mag in diesem Zusammenhang durchaus auch an die spätere ‚Identifikation' der RAF mit Herman Melvilles Walfängerroman *Moby Dick* denken, als jedes Gruppenmitglied den Namen eines der Melvilleschen Protagonisten zugewiesen bekam. Ob Vespers zwischenzeitige Idee, der *Reise* den Titel „Logbuch" zu geben, hiermit in Verbindung steht, lässt sich nicht eindeutig belegen, ist aber immerhin möglich.

184 Elisabeth Albertsen, *Das Dritte. Geschichte einer Entscheidung*, Reinbek 1977, S. 42.

185 Typoskript Elisabeth Albertsen.

186 Ebd.

187 ‚Botschaften' Bernward Vespers, im Besitz Elisabeth Albertsens.

III.

188 Verwendungsgesuch aus den Personalakten Gudrun Ensslins beim Oberschulamt Nordwürttemberg; jetzt im Staatsarchiv Ludwigsburg aufbewahrt unter der Signatur EL204/II, Bü. 23.

189 Um in die Studienstiftung aufgenommen zu werden, musste man zunächst drei Probesemester absolvieren, nach denen über die endgültige Aufnahme entschieden wurde.

190 Brief Gudrun Ensslins in der Oberschulamtsakte; Staatsarchiv Ludwigsburg, Signatur EL204/II, Bü. 23.

191 Brief vom 10. Oktober 1963, Dr. Sauberzweig von der Studienstiftung an Bernward Vesper; DLA, NL Vesper, 120b.

192 Exmatrikulationsvermerk in der Studentenakte im Universitätsarchiv Tübingen.

193 Dies teilte mir Henner Voss mit, der ab Herbst 1964 einige Monate gemeinsam mit Bernward Vesper in der Cuvrystraße im Berliner Stadtteil Kreuzberg wohnte.

194 Zitiert nach Frank Böckelmann, Herbert Nagel (Hgg.), *Subversive Aktion, Der Sinn der Organisation ist ihr Scheitern*, Neue Kritik, Frankfurt 1976, S. 210.

195 Inzwischen gibt der ehemalige Wortführer der Wiener Studentenbewegung, den man damals auch „Dutschke von Wien“ nannte, eine „Bibliothek der Reaktion“ in einem einschlägigen Verlag heraus.
196 *Ein kultureller Putsch, Manifeste, Pamphlete und Provokationen der Gruppe SPUR*, Edition Nautilus, Hamburg 1991, S. 63.
197 Brief Bernward Vespers an Rose Vesper vom 18. Juli 1963; DLA, NL Vesper, 116b.

Zeittafel

1. August 1938

Geburt Bernward Vespers in Frankfurt an der Oder. Die Eltern sind der Schriftsteller Will Vesper und die Gutsbesitzerin Rose Vesper. Bernward Vesper wächst auf Gut Triangel südlich der Lüneburger Heide auf.

15. August 1940

Gudrun Ensslin wird als viertes von sieben Kindern in Bartholomä auf der Schwäbischen Alb geboren. Ihr Vater Helmut Ensslin ist Pfarrer in der kleinen Ostalbgemeinde.

1948

Umzug der Familie Ensslin nach Tuttlingen. Gudrun Ensslin besucht dort die Volksschule und das Gymnasium.

Ca. 1956 – 1960

Bernward Vesper unternimmt in den Ferien ausgedehnte Tramptouren durch verschiedene Länder Europas.

Bis ca. 1961

Bernward Vesper publiziert in verschiedenen nationalistischen Zeitungen und Zeitschriften. Danach Abkehr von diesen Publikationsorganen und viele journalistische Veröffentlichungen überwiegend in der liberalen bürgerlichen Presse.

Juli 1958 – August 1959

Gudrun Ensslin ist als Austauschschülerin im Rahmen des International Christian Youth Exchange in den USA. Dort besucht sie die Warren High School in Pennsylvania und lernt Scott Mohr kennen, mit dem sie eine langjährige Freundschaft verbinden wird.

Frühjahr 1959 – März 1961

Bernward Vesper macht eine Verlagsbuchhändlerlehre beim Verlag Georg Westermann in Braunschweig. Auf der Buchhändlerschule lernt er Henner Voss und Ulf Miehe kennen.

September 1959 – Frühjahr 1960

Gudrun Ensslin besucht das Königin-Katharina-Stift in Stuttgart, nachdem die Familie nach Cannstatt, den Ort der neu zugewiesenen Pfarrstelle Helmut Ensslins, umgezogen war.

April 1960 – April 1963

Studium Gudrun Ensslins an der Universität Tübingen.

April 1961 – April 1964

Studium Bernward Vespers an der Universität Tübingen.

11. März 1962

Tod Will Vespers.

Oktober 1963

Endgültige Aufnahme Bernward Vespers in die Studienstiftung des Deutschen Volkes.

Mai 1963 – März 1964

Gudrun Ensslin ist Studentin an der Pädagogischen Hochschule in Schwäbisch Gmünd.

Frühjahr 1964

Bernward Vesper geht zur Fortsetzung seines Studiums nach Berlin.

April 1964

Endgültige Aufnahme Gudrun Ensslins in die Studienstiftung des Deutschen Volkes. Sie entschließt sich daraufhin, eine Doktorarbeit über Hans Henny Jahnn zu beginnen. Während der folgenden Monate wohnt sie, unterbrochen von gelegentlichen Berliner Aufenthalten, in Cannstatt.

Winter 1964/65 oder Frühjahr 1965

Gudrun Ensslin zieht nach Berlin zu Bernward Vesper. Beide engagieren sich während der folgenden Monate im Wahlkontor deutscher Schriftsteller, das den Wahlkampf der SPD unterstützt.

März 1965

Verlobung Bernward Vespers und Gudrun Ensslins in Cannstatt. Sie leben weiterhin in Berlin.

1966 bis 1968

Bernward Vesper ist Herausgeber der *Voltaire Flugschriften*, einer der wichtigsten Publikationsreihen der 68er-Bewegung.

Mai 1967

Geburt des gemeinsamen Sohnes Felix Ensslin.

1968

Gudrun Ensslin zieht mit Andreas Baader nach Frankfurt/Main und lässt Felix beim Vater zurück. Im gleichen Jahr Teilnahme an einer Kaufhausbrandstiftung in Frankfurt. Daraufhin Verurteilung zu drei Jahren Haft. Während der Haft Gudrun Ensslins kommt es zu Uneinigkeiten wegen des Verbleibs des Sohnes Felix. Felix wird schließlich von einer mit den Ensslins befreundeten Landarztfamilie adoptiert und wächst im schwäbischen Undingen auf. Bernward Vesper besucht ihn in der folgenden Zeit immer wieder.

Seit August 1969

Bernward Vesper arbeitet am Manuskript der *Reise*. Seit 1968 gibt er als Wohnsitz „an verschiedenen Orten“ an.

1969

Flucht Gudrun Ensslins nach Revisionsantrag. Sie taucht gemeinsam mit Andreas Baader in den Untergrund ab.

1970 – 1972

Beteiligung Gudrun Ensslins an Bombenanschlägen und Banküberfällen. Gudrun Ensslin, Andreas Baader und Ulrike Meinhof gelten zu dieser Zeit als Führungstrio der RAF (Rote Armee Fraktion).

15. Mai 1971

Selbstmord Bernward Vespers in Hamburg, nachdem er im Februar einen psychischen Zusammenbruch erlitten hatte und daraufhin in München und Hamburg in psychiatrischen Kliniken untergebracht gewesen war.

7. Juni 1972

Verhaftung Gudrun Ensslins in Hamburg.

28. April 1977

Verurteilung Gudrun Ensslins zu lebenslanger Haft. Unterbringung im Hochsicherheitstrakt des Stammheimer Gefängnisses.

18. Oktober 1977

Tod Gudrun Ensslins in der Vollzugsanstalt Stammheim.

Dank

Ich danke den folgenden Personen, die die Arbeit an diesem Band unterstützt haben:

Elisabeth Albertsen (Tübingen), Gerhard Brinkhus (Tübingen), Michael Herrmann (Tübingen), Günter und Marie Klett (Dußlingen), Elke Koch (Staatsarchiv Ludwigsburg), Gerd Koenen (Frankfurt/Main), Christoph Meckel (Berlin), Jochen Meyer (Marbach), Scott Mohr (Boston, USA) Jürgen Neusius (Tübingen), Jörg Schröder und Barbara Kalender (Augsburg), Andres Veiel (Berlin), Henner Voss (Bergheim), Brigitte Raitz (Marbach), Ulrike Seyer (Mainz), Johannes Ullmaier (Mainz), Harald Weydt (Berlin), Antje Zacharias (Stadtarchiv Tübingen) sowie den Mitarbeitern des Universitätsarchivs Tübingen und des Archivs der Freien Universität Berlin.
Vielen Dank an Felix Ensslin für die Erlaubnis aus unveröffentlichten Texten Bernward Vespers und Gudrun Ensslins zu zitieren.
Ebenso danke ich meiner Lektorin Petra Wägenbaur und meinem Verleger Hubert Klöpfer für die gute Zusammenarbeit.
Der größte Dank aber gilt meiner Lebensgefährtin Petra Zinke, die auch in diesem Fall meine erste Leserin war. Ohne ihre vielfältige, kritisch-sympathische und äußerst geduldige Unterstützung wäre dieses Buch vielleicht nicht zustande gekommen.

Abbildungsnachweis

Seite 29: Stadtarchiv Tübingen (Foto: Gebr. Metz).
Seite 55: Privataufnahme Harald Weydt.
Seite 61: *Schwäbisches Tagblatt/Tübinger Chronik* vom 23. November 1961.
Seite 65: *notizen* 52, Januar 1964.
Seite 67: *Attempto* 8, August 1960, Seite 47.
Seite 73: Stadtarchiv Tübingen (Foto: Swiridoff).
Seite 77: Privataufnahme Henner Voss.
Seite 85: Universitätsarchiv Tübingen, Studentenakten Bernward Vesper und Gudrun Ensslin.
Seite 111: *notizen* 49, Juli 1963, Titelbild.
Seite 115: Privataufnahme Scott Mohr.
Seite 119: Privatsammlung Tübingen.
Seite 121: Privatbesitz Elisabeth Albertsen (links), *Der Spiegel* 25/1972, Seite 67 (rechts).
Seite 133: Staatsarchiv Ludwigsburg (Signatur: EL 204/II, Bü. 23). Alle Rechte vorbehalten.
Seite 153 und 157: Privataufnahmen Elisabeth Albertsen.

Es konnten nicht alle Bildrechte ausfindig gemacht werden. Nicht ermittelte Rechteinhaber werden gebeten, eventuelle Ansprüche geltend zu machen.

Personenregister

»Ein schaurig-schönes Stück politischer Aufklärung!«

Focus

Stammheim.
Die Geschichte des Vollzugsbeamten Horst Bubeck.

3. Auflage 2004.
184 Seiten,
geb. mit Schutzumschlag,
€ 18,90/sfr 33,60

ISBN 3-937667-10-5

Kurt Oesterle, Stammheim

»Ein wertvoller Beitrag zur Entmythologisierung der Baader-Meinhof-Geschichte.«

Frankfurter Allgemeine Zeitung

»Ein hervorragendes Buch. Ein furchtbares Buch. Und es war längst fällig.«

taz/die tageszeitung

»Schnörkellos erzählt, packend präsentiert.«

Süddeutsche Zeitung

KLÖPFER&MEYER

»Wann hat man dergleichen je so gut und anrührend gelesen?«

Stuttgarter Zeitung

Woher alles kommt.
Erzählung.

2. Auflage 2003.
144 Seiten,
geb. mit Schutzumschlag,
€ 18,90 / sfr 33,60

ISBN 3-937667-28-8

Eva Leipprand, Woher alles kommt

»Erstaunlich: eine komplette Kindheitswelt, in ihrer sinnlichen Fülle warmherzig beschrieben als Quelle der Kraft, die für ein Leben reichen muß – und auch tatsächlich reicht.«

Neue Zürcher Zeitung

»Ein origineller Blick zurück – und die Zeitgeschichte steht vor Augen, in einer Einfachheit, die Poesie ist. Große Literatur, ein Meisterstück.«

Nürnberger Zeitung

KLÖPFER&MEYER

»Ein ergreifendes, schockierendes Buch. Ein Buch, das Gedanken und Gefühle wild durcheinander wirbelt.«

Südwestrundfunk

Bevor es zu spät ist
Begegnungen mit der Kriegsgeneration

2004. 520 Seiten,
geb. mit Schutzumschlag,
€ 29,– / sfr 50,40

ISBN 3-937667-62-8

Bruni Adler, Bevor es zu spät ist

*»Es sind meist einfache Leute, die von der entsetzlichen Brutalität des Krieges berichten, von der Verführbarkeit goebbelsscher Propaganda, vom alltäglichen Überleben und Arrangieren im Elend.
Sie geben dem Terror ein Gesicht – und dem Leser die Möglichkeit zu begreifen, warum der deutsche Faschismus ein ideologisches Unterfutter hatte.«*

Stuttgarter Zeitung

KLÖPFER&MEYER

»Mit Herz und Verstand, glänzend erzählt: ein richtig gutes Buch!«

Südwestrundfunk

„Und zu Küssen kam es kaum".
Roman.

3. Auflage 2004.
332 Seiten,
geb. mit Schutzumschlag,
€ 22,40 / sfr 39,40

ISBN 3-937667-11-3

Draginja Dorpat, »Und zu Küssen kam es kaum«

»Ein Rückblick auf eine Jugend nach 1945, ein Musterfall in der Reihe der neueren Erinnerungsliteratur, höchst eindrucksvoll: eine weise Erzählerin!«

Der Spiegel

»Ein überaus spannender und episodenreicher Entwicklungsroman über die Verstrickung in die braune Ideologie – und die Befreiung daraus.«

Südkurier

KLÖPFER&MEYER

ANDREA CAMILLERI
DAS SPIEL DES PATRIARCHEN / *Roman*
Commissario Montalbano lernt das Staunen

Aus dem Italienischen von Christiane v. Bechtolsheim
315 Seiten, gebunden in Leinen mit Schutzumschlag
ISBN 3-7857-1525-0

Misstrauisch beobachtet Commissario Montalbano den Einzug von Computer und Internet in seinem Kommissariat im sizilianischen Vigàta. Auf einmal fühlt er sich antiquiert und überholt. Dann geschehen gleich drei Verbrechen: Ein junger Mann wird ermordet, und ein Ehepaar verschwindet spurlos. Selbst mit den technischen Neuerungen lassen sich die Fälle zunächst nicht lösen, bis der Commissario einen verschlüsselten Hinweis erhält – von einem berüchtigten alten Mann, der bei einem gefährlichen Spiel im Hintergrund die Fäden in der Hand hält.

Ein Glücksfall: Andrea Camilleris Commissario ermittelt weiter!
KÖLNER STADTANZEIGER

ANDREA CAMILLERI
DER HUND AUS TERRACOTTA / *Roman*
Commissario Montalbano löst ein Rätsel

Aus dem Italienischen von Christiane v. Bechtolsheim
351 Seiten, gebunden in Leinen mit Schutzumschlag
ISBN 3-7857-1510-2

Wenn sich Commissario Montalbano bisher auf etwas verlassen konnte, dann war es die Mafia. Diese hat – durch und durch sizilianisch wie er selbst – wenigstens ihre Prinzipien.

Das denkt der Commissario zumindest, bis er bei seinen Ermittlungen in einer Höhle auf eine makabre, scheinbar kultartig arrangierte Szenerie stößt: die skelettierten Leichen eines Mannes und einer Frau in inniger Umarmung, bewacht von einem lebensgroßen Schäferhund aus Terracotta …

Andrea Camilleri ist mehr als ein Schriftsteller –
Camilleri ist eine Instanz.
DIE WELT